OHSAMA BUNKO

心屋仁之助の
今ある「悩み」をズバリ解決します!

心屋仁之助

三笠書房

はじめに――心の中の〝お悩み〟が不思議なくらいスーッと消えていく本

こんにちは。心理カウンセラーの心屋仁之助です。

セミナーやカウンセリングルームで、僕は日々、さまざまな〝お悩み〟を抱えた人たちと向き合っています。

そして、あるとき僕は、彼らには「共通点」があることに気づきました。

その「共通点」を解消していくうちに、その方の問題やお悩みが、ある日突然、まるで雪が溶けるようにスーッと消えていく……ということが起こり始めたのです。

その共通点とは、心がまるで「のら猫」のようにスネた状態になっていること。

いつもビクビクしながら生きていて、すべての場所に安心できず、仲間に入ることもない。いつもなにかを怖がって、隠れるように、目立たないように暮らしています。

また、そのことを悟られないよう、カラ元気を出して愛想よく振る舞うことで、居場所を確保しようとすることもあります。


でも、大丈夫。

ちょっとスネてしまっている心と気長につきあって、優しく包み込んであげれば、いつも心に引っかかっていた〝お悩み〟も、不思議なほどスーッと消えていきます。

「どうせ自分なんてダメだ」と落ち込んだり、いつもイライラ、カリカリと怒りの感情が消えなかったり、といった不快な状態から足を洗えます。

そして、いつの間にか**「わたしって、けっこういい感じかも」「自分って、ツイてるなぁ」**とセルフイメージまで変わっていき、人生がハッピーな方向へ音を立てて変わっていきます。


この本では、僕がこれまでのカウンセリングで提供し、クライアントの人生がガラリと変わった言葉やエピソードをお届けします。

もちろん、僕自身の人生を変えた言葉もあります。

どの言葉が今のあなたにヒットするのか、それはわかりませんが、きっとたくさんの気づきがあり、不思議なインスピレーションがもたらされると思います。

それを読んだとき、

「ざわっとした」「抵抗を感じた」「なにかが込み上げてきた」のなら……それは、その言葉が**「本当のあなた」と通じ合った瞬間**です。

さあ、ぜひ試してみてください。

やがて、あなたのなかに小さな「自信」が芽生えてくるでしょう。

心屋 仁之助

もくじ

1章　毎日をもっと「面白がって」生きるヒント

2章

「性格」って、実はリフォームできるのです

3章 心にかけた「色めがね」を外す方法

4章 不安・イライラ・モヤモヤが消える〝とっておき〟の方法

5章

「人づきあい」がもっと楽になるコツ

6章

「折れない・くじけない」心を育てる

7章

一歩進めば「見える世界」が変わる！

1章

毎日をもっと「面白がって」生きるヒント

1

「悩み」って、こんなときにムクッと発生する

心理カウンセラーの仕事をしていると、サラリーマンから、主婦、学生さんまで、年齢も性別もさまざまな方の「悩み」のお話を伺います。

そして、もちろん僕自身も、日々いろんな悩みや問題と向き合っています。


そんななかで感じているのが、「悩み」や「問題」って、簡単に表現すると、

「自分の思い通りになっていないこと」

なのだということ。


人間関係がうまくいかない。

お金が思うように稼げない。

うまくしゃべれない。

いつも恋愛がうまくいかない。

ブログのコメントにイヤなことを書かれた。

パソコンが重くて動かない……。


こうしたことが「自分の思い通りにならない」と考えたとたんに、「よくないこと」として悩み始めてしまうのです。


悩まない人は、人間関係がうまくいかなくても、パソコンが重くても、ブログにイヤなコメントを書かれても、売上が上がらなくても、クレームばかりでも、太りすぎていても、悩みません。

むしろその状況を楽しみ、乗り越えてゆくことができます。

けれど、悩む人は、どんな状況にいても、どんなに恵まれていても悩みます。

この違いは、いったいどこにあるのでしょうか。

あなたにかけられた〝不思議な呪い〟って？

たとえば、赤ちゃんが、はいはい歩きから、つかまり立ちを覚え、そして今まさに立とうとしています。

そんな赤ちゃんは、よろけてこけても、なかなか立てなくても気にしていないし、まして「問題」になんかしていません。

でも、もし赤ちゃんがこんなふうに考えたらどうでしょう。

「どうして、うまく立てないんだろう。思い通りにいかないんだろう。踏ん張りが悪いのかな、バランスが悪いのかな、足の裏が平らになっていないからかな、立つ能力がないのかな……。

違う、きっとわたしは愛されていないんだ!!　このまま立てないと、お母さんに嫌われてしまうんだ!!」

たとえが極端だと、いかにこの結論がおかしいか、わかりますよね。でも、多くの人が、これと同じ考え方をしています。

それが、**「このままのわたしでは愛されない、認めてもらえない」**という呪いにも似た考えです。

もし、あなたが**「どう転んでも」「思い通りにできなくても」「どんな自分でも」愛される、認めてもらえる**と知っていたら……きっと、こんな「悩み」はないでしょう。

人生の〝途中経過〟をじっくり味わおう

そう、「悩み」「問題」のすべては、

「このままのわたしでは愛されない、認めてもらえない」

という呪いが作り出すのです。

大丈夫、今はまだ途中だから。

大丈夫、いつかできるようになる日がくるから。

大丈夫、気がついていないだけで、あなたは受け入れられているから。


これを信じられるようになったとき、暑い、寒い、お腹すいた、痛い、眠い、出したい、などの生理的欲求以外の「悩み」から解放されるのです。

そのためには……**「愛されてると信じてみよう」**と、ほんの少し勇気を出してみること。

そうしたら、変に悩んだり、がんばったりしなくて済むんです。

だから、つぶやいてみてください。

「わたしは、このままでも、愛されてるのかも」って。

2 人生の流れが変わる！　〝衝撃の事実〟

自分の「セルフイメージ」を変えると、人生の流れが変わる――この〝衝撃の事実〟を、僕は自分の人生で不思議なくらい証明してきました。

以前の僕は自分自身のことを、こんなふうにイメージしていました。

「大したことない人間だ」

「そこそこの人だ」

「二軍の四番」

つまり――「そこそこやるけど、そこそこ止まり」みたいなやつだと思っていました。

ええ、心理カウンセラーとして仕事ができるようになっても、本を出せるようになっても、心の底で、そうした思いをぎゅっと痛いほど握りしめていました。

あなたの魅力と実力には〝フタ〟がされていた!?

でも、ある日から思ったのです。

「それって、ほんとか?」

もしかしたら、自分はすごいんじゃないか。

そう疑い始めたときから、自分の周りの現実が変わり始めました。

一番変わったのが、本の売れ行きでした。そして、セミナーに来ていただけるお客さんの数でした。

さらに、人から好かれ愛されているという〝**証拠**〟が、「今まで勘違いして、いじけてて、ごめんなさい」って謝りたくなるぐらい、集まるようになったのです。

みなさんにも、きっと**「あんな人になりたい」「こんな人でありたい」**という「憧れ」があると思います。

たとえば、

- もっと女らしくなりたい
- もっと仕事ができるようになりたい
- もっと人から好かれるようになりたい
- もっと上手に人と話せるようになりたい
- もっと細くなりたい
- もっと役に立てる人になりたい

……まぁ、書き続ければ、いくらでも出てきますよね。

で、長い間、ずっとそうなりたくて、がんばっているのに、なかなか、なれない。

全然、なれない。努力しても、どうしてもなれなくて「ああ……やっぱりダメなんだ……」なんて思ってしまう。

「勘違い大王」を卒業しよう

でも、それって勘違いなんです。

「あんな人になりたい」

「こんな人になりたい」

そう思っているとしたら、それ間違ってます。

なぜなら、**「あなたはすでに、そうなっている」**からです。

もう、すでに、いや、ずっと前から、

- 女らしくて
- 仕事ができて
- 人から好かれてて
- 話が面白くて
- 見た目も素敵で

○人のお役に立つ

人なのです。まったく信じられないと思われるのも仕方ないのですが、「そうではないんだ」と自分だけが勘違いしてきたのです。

ええ、はっきり言います。**今までの努力は無駄**だったのです。

「弱い」と思っているから、強くなろうとした。
「女らしくない」と思っているから、女らしくなろうとした。
「役に立たない」と思っていたから、役に立とうとした。
「自分の居場所がない」から、必死に居場所を作ろうとした。
「太っている」と勝手に思っているから、やせようとした。
「話が面白くない」と勝手に思っているから、話し方の勉強をした。

これ、すべて無駄な努力なんです。
もっと、自分を疑ってみてください。もっと、自分を評価してみてください。

あなたは、自分が思っているようなダメなやつじゃないんだ。

そう気づいたときから、人生は変わるのです。

いや、マジやで。

3

「自分って、もしかして便利屋!?」と思ったら

人の役に立ちたくて、役に立つやつだと思われたくて、自分の時間を使って、自分の時間を削って、がんばった。がんばってきた。

それなのに、お礼もないし、評価もされないし、喜んでももらえない。

なんでだろう??


僕もずっと、こんなことで悩んできました。

そもそも器用貧乏だし、気が回るし、手も速いから、頼まれた仕事のクオリティーをできる限り高めようと、がんばってしまっていました。

今でも、そんなところ、いっぱいあります。

“できてしまう自分”が好きだったりするんですね。

でも、期待したほど喜ばれなかったり、評価されなかったりすると、「こんなに、がんばったのに！」「こんなに、やったのに！」「こんなに、できたのに！」と、「のに」がでる。

がんばりが“空回り”している人、「報われない」人

なんでなのか、ずっとわかりませんでした。

「こんなにがんばってるのに、なんで自分以外の人のほうが評価されるのか。なんで、結局は**便利屋みたいにされてしまう**のか」

そして――それは**「がんばってたから」**だと気づいたのです。

はい、書き間違いではありません。

「がんばっていたのに」ではなく「がんばっていたから」なのです。

褒めてほしくて、喜んでほしくて、がんばってた。

役に立つねって、すごいねって、言われたくて、がんばってた。

でも、毎回毎回、わんこのように「褒めて、褒めて」って言われても、相手は、そんなに毎回は褒めていられないし、別にそこまでがんばってほしいとも思っていないんだ。

嬉しいときにはちゃんと嬉しいって言うし、よくできたときにはありがとうって言う。そうでないときでも、ちゃんと普段から感謝しているし、喜んでいるから、そんなに「褒めて、褒めて」って、求めないで――。

そんなふうに、思われていたのでしょう。

そう、僕は、「褒めてほしい、でも褒めてくれない」「認めてほしい、でも認めてくれない」と、**相手に求めるばかりの〝くれくれ星人〟**になっていたのです。

はぁ～……。

もっと「賢く自分本位」に生きてもいい

そうではなくて、やっぱり、**自分が楽しんでいるか、自分が工夫しているか、自分が努力しているか、自分にできることをしているか。**

そして、**自分を犠牲にすることで、相手に期待していないか。**

それが基本。

そんなことを自問自答しながら、そして、最終的にはそんな自問自答からも離れて、目の前のことを心から楽しみ始めたとき、周りの人は勝手に喜んでくれる。勝手に評価してくれる。

もちろん、相手の反応や期待を無視しろと言うわけではないけれど、「褒めてもらいたい」っていうのは、相手への「期待」です。

「相手の期待に応える」ことで、「相手に期待している」。

そんな心が隠れています。

〝なにげないこと〟ほど、心の琴線に触れるもの

そう。「評価してほしい、褒めてもらいたい」という相手への期待から卒業したとき、自分が楽しむことを受け入れたとき、自分で自分のことを評価したとき、逆に人は、自分のことを評価してくれる。

あなたの、なにげない心遣い。
あなたの、なにげない思いやり。
あなたの、なにげない一言。
実は、そのほうが、人の心に響くんです。

そう、あなたの **「なにげない、ありかた」**。
そう、あなたの **「がんばらない、ありのまま」**。

4 損してもいい、だって損しないから

これまで「こんなに、がんばってきた」人に、「なにげないありかたを大切にしよう」と言っても、「そうすればいいのは、わかってるけど――」と言われてしまうかもしれませんね。

では、この「がんばらないと、認めてもらえない、愛されない」という呪いから抜け出すには、どうすればいいのでしょう。

「あーでもない、こうでもない」と考えていたときに、ふと**「衝撃的な答え」**が下りてきました。

それは、「スネる」の反対をやればいいのだ、というメッセージ。

でも、「スネる」の反対って、なんだろう?
「スネる」の反対は……「素直になる」です。

「素直になる」って、こういうこと

素直になるって、どういうことか。
素直になるって、どうすればいいのか。
それは、**「そのままの自分を出しても、大丈夫」と信じる**こと。

自分の気持ちに素直になって——、
ちゃんと言う。
したいって言う。
イヤだって言う。
悲しいって言う。
好きなことをする。

助けてって言う。

嫌いって言う。


がんばらないで、好きなことして、弱さもダメなところも見せて、ダメな自分でいる。ダメな自分を認める。

すると、「自分の気持ち」に従って、自分らしく生きられるのです。

「別次元へワープ!」できる〝魔法の呪文〟

「でも、信じられないよ〜」っていう声が聞こえます。

そんなときに、心の中で唱えてほしいのが、

「どうせ、自分は愛されている」

「どうせ、自分は認められている」

という言葉です。

そう、信じてなくてもいいんです。つぶやくだけでいいんです。

どうせ、愛されている。

どうせ、認められている。

どうせ、いっぱい持っている。

だから、損してもいい。だって、損しないから。

そんなことを言って生きていくと、

「愛されているよ」

「認められているよ」

という、たくさんの〝物理的な〟証拠が、あなたのもとに集まってきます。

それが続くと、「自分は愛されている」「自分は認められている」って、うっかり信じちゃうから。


現実は、変わります。

そう、なにもしなくても、自分が認められていることを信じてみるだけで、他人の言動が変わるのです。

自分に起きる出来事が変わるのです。

それは「そう見えるようになった」なんていうレベルのものとは、次元が違うのです。

だまされたと思って、ぜひつぶやいてみてください。この、魔法の言葉を。

「わたしは、どうせ、愛されている」

2章

「性格」って、実はリフォームできるのです

5

「山の行」より「里の行」

僕は〝性格リフォームカウンセラー〟という肩書きで活動していますが、「えー!? 性格って、生まれつきのものじゃないの」と何度も言われてきました。

はい、そうなんです。性格って変えられるんです。

なぜなら**実は、「性格」とは「考え方」や「反応」のこと**だからです。

みなさんが思っている「性格」っていうのは、僕に言わせると「個性」です。

「性格」とは「考え方」、つまり「〜すべき」「〜ねばならない」「〜してはいけない」といった考えグセが「価値観」や「信念」となって作られていくもの。そして、そこから生じる、出来事に対する**「いつもの反応パターン(クセ)」**なのです。

だから、**性格は「後づけ」されたもの**であり、十人十色なのです。育った環境や、学んできたこと、経験などによって性格は変わってくるのです。

性格、つまり「考え方」を変えていくとは、長年の「考えグセ」を変えていくこと。時間がかかる場合もあります。「クセ」って、なかなか抜けませんよね。

「なかなかうまくいかない」を、「うまくいかない」ととるのか「なかなか面白いチャレンジ」ととるのかも「性格」ですが。

〝座学〟のうちは、まだまだです

なかなか変わらないものを変えていくことを、

「山の行より里の行」

と言います。

いくら山で修行をして悟りを開いても、「俗世間」に下りたとたん、欲望にまみれてしまうもの。

僕自身、広島の山奥で座禅の修行をさせていただいたことがあり、その間に煩悩を抑えて、悟りを開いたような気分になりました（新しい反応パターンを手に入れた）。ところが、山を下りてくると、駅の売店にはさまざまなエッチな雑誌が並んでいて、それを見た瞬間に、悟りは終わりました（笑）。いつものパターンに戻ったのです。

本番は、山を下りてからだったのです。

どんなに素晴らしいことを学んでも、実生活で生かされなければ意味がありません。というより、山の行で素晴らしい方法を「知った」「学んだ」だけでは、身につきません。

実生活での修行、つまり「里の行」をきちんと続けた者だけが、大切なものを手に入れられるのでしょう。

6

「性格」は、あなたを守る騎士《ナイト》だった!?

ちょっと想像してみてください。
誰かからこんなふうに言われたら、どんな気分がするでしょう。

かわいくない性格のあなたが嫌いです。
社交的でないあなたが嫌いです。
積極的でないあなたが嫌いです。
あなたは価値がないね。
あなたなんか、ダメね。

……いかがですか？　すっごくつらいですよね。

というか、僕も書いていて、気分が沈みそうになりました。ネガティヴな言葉のパワーって、すごい……。

多くの方が、このような言葉で「自分」を嫌っているのには驚かされます。

でも、そんな**「自分の性格」が、一生懸命あなたを〝守って〟くれていたんだとしたら、**どう思いますか？

ちょっと不器用だけど一生懸命――だから始末におえない⁉

実は、あなたの「性格」は、過去にあなたが体験したつらかったこと、苦しかったこと、イヤだったこと、痛かったこと、それらをあなたに〝もう一度体験させないように〟がんばっているプログラムなんです。

人前で恥ずかしい思いをした。もうあんな思いはしたくない。

だから、**「性格」が人前に出るのを嫌いにしてくれた。**

友人に裏切られた。もうあんなつらい思いはしたくない。

だから、「性格」が人づきあいでは距離をとるようにさせていた。

……そんなふうに。

あなたに「二度とつらい思いをさせないため」にがんばってきてくれたあなたの「性格」。やり方が不器用で、困ることも、うまくいかないことも多いけど、一生懸命、あなたを守ってくれた。

「あなた」のためにがんばってきたのに、そのあなたから嫌われたら、つらいですよね。「暴れてやろうかしら?」と思うときも、あるかもしれませんね。もしかしたら、もっと意固地になるかもしれません。

「心のプログラム」の設計図を読みとくと――

心について書かれた本に、よく「あなたの〝性格〟を好きになってあげてください」と書いてあります。

でも、「それができないのよっ！」って、腹が立ちますよね。僕もそんな時期を過ごしましたから、よくわかります。「カンタンに言うな！」って、よく本に突っ込んでいました。

だから、いきなり自分の性格を好きになるのは難しくても、まずはせめて、あなたが嫌ってきた**「性格という心のプログラム」**は、**あなたのために、あなたの役に立ちたくて、ずっとそこにいたん**だ、ということに気づいてあげてください。

もう一人のあなたは、あなたの体のなかに住んでいます。好きになってください、とは（まだ）言いません。でも、もう嫌わなくてもいいんですよ。

あなたのその苦しい思い、悲しい思いは、体のどこにありますか？

その「部分」に向かって、もしくは手のひらに取り出して、「こんにちは」と挨拶してみてください。**もう一人のあなたを「人格」として、まずは認めてあげる**んです。

もしかしたら、あなたも、そこにいることに、気づいていたのかもしれませんね。

7 〝強がり〟も、ほどほどに

「**大丈夫**」って、どんなときに言う言葉でしょうか？

僕の経験から言えば、心配や問題などがなにもないときはもちろんですが、それ以外にも、

- 不安に思っていることがあるけれど、強がっているとき。自力でなんとかしようと無理をしているとき
- なにか他人に触れられたくないことがあるとき
- そっとしておいてほしいとき
- 心配されたくないとき

そんなときによく、「大丈夫」と言っていた気がします。

「助けてほしいんだけど」って、言えない心理

親から、一人暮らしの生活を心配されたとき。

体調が悪くて弱っているとき。

仕事がうまく進まなくて、あたふたしているとき。

抱えている問題について、すごく悩んだり、とても動揺したりしているとき。

「いや、ちょっと不安があって」とか「助けてほしいんだけど」という言葉を、素直に言えないとき。言えば大変なことになる、もしくは言ってもどうにもならないとあきらめているとき。


だから、僕の耳には「大丈夫」という言葉は、「強がり」とか「プライド」を隠した〝**壁言葉**〟に聞こえるのです。

つまり、自分の恥ずかしい部分や、弱い部分を隠したいときに、「大丈夫」という

言葉で壁を作っている気がするのです。

特に、「大丈夫、大丈夫」って、二回繰り返して言うときには、ね。

「自力で成し遂げたい、自分だけの力でなんとか最後までがんばってみたい」という前向きな「大丈夫」であればいいのです。

でも、強がってがんばりすぎているときの「大丈夫」は、「それ以上、わたしの領域に入ってこないで、聞かないで、かかわらないで」(恥ずかしいから、カッコ悪いから、見られたくないから)と言っているような、〝心の壁〟がある印象を受けるものです。

その〝心の壁〟の高さ・厚さは万里の長城なみ!?

この心の壁、実は**「自分の過去」**が作っています。

過去に、上手にできなかったこと。

恥ずかしかったこと。

なかったことにしたいこと。

忘れ去りたいこと。

これら思い出したくない過去にきちんと「向かい合う」こと、そして、それらを許し、受け入れることが必要です。


自分の過去を否定しない。過去があるのが、「本当の自分」です。

〝見たくない過去〟も、まぎれもなく「自分の一部」なんです。それらにきちんと向かい合って初めて、前を向いて歩くことができるのではないでしょうか。


「過去を振り返らず、前だけを向いて歩いていく」とは、**過去に向かい合い、清算して、そして過去を「引きずらない」こと。**

けっして、過去を無視することではないのです。


どうか、もう「大丈夫」って言わないで、そろそろ「助けて」「手伝って」と言ってみませんか?

8　「なんか、めんどくさい」は人生の福袋

自分の心になんらかのブレーキがかかって進みにくいとき、気持ちがぼんやり、モヤモヤして思い通りに行動できないとき、なんだかうまくいかないとき、

「なんか、めんどくさいなぁ……」

って思いませんか？

カウンセリングをやっていても、自分自身が誰かのセッションを受けていても、「なんだかわからないけど、めんどくさい」という言葉がよく出ます。

実は、この**「めんどくさい」という感覚は、宝物がいっぱい詰まった福袋**みたいなものなんです。

どんな宝物が詰まっているのかって？

それは、**「人生に残してきた宿題」**です。

そして、この宿題を片づけると、人生が変わるから、「福袋」なんです。

どんなことが「めんどくさい」かは、人によって違います。そこには、苦手、できない、怒られる、笑われる、怖い……といったネガティヴな感情や、劣等感のカケラが詰まっています。

片づけが、めんどくさい。

人と会うのが、めんどくさい。

上司に報告するのが、めんどくさい。

部下と飲みに行くのが、めんどくさい。

特定の作業が、めんどくさい。

勉強が、めんどくさい。

……それぞれの中に「めんどくさい」という一言でしか表現できないような、とてもネガティヴな感情が眠っています。こうした感情を早く片づけてあげないと、それはずっと「めんどくさい」。

だから、なにかをやろうとしても、毎回同じところでブレーキがかかってしまって、先に進めないのです。このブレーキは、お金やパートナーシップ、人間関係、仕事、すべてにつながっています。

「苦み」があるから、感情は味わい深い

なにかをやろうとしたときに、なんともいえない「イヤな感じ」に包まれてしまう。

それは、**「イヤな思い出がよみがえる」**からです。

苦手だった。

できなくて泣いた。

怒られた。

怖い思いをした。

みじめな思いをした。
嫌われているように感じた。

めんどくさいことをしなければならないとき、そんな〝イヤな感じ〟がよみがえってきませんか。そう、あの苦くて、酸っぱいような、ドロドロした、なにか心がざわざわする、気持ち悪い**〝あの感じ〟**です。

そんなとき、そのイヤな思い出や、今まで避けてきたイヤな気持ちから目を背けずに、「味わって」みてほしいのです。

「あーーー、つらい」「あーーー、イヤだ」と、つぶやきながら味わうのです。

すると、その〝イヤな思い出〟に対して抱いていたイヤな感情が、スーッと消えるときが訪れます。それまで、我慢強く向き合って、感じてみる。

〝やりきれない気持ち〟がしみ出してくる瞬間

でも、なかなか消えないこともあると思います。

そのときは「このイヤ～な感じ、子どもの頃に感じたことがないかな」と、思い出してみてください。

僕は、パソコンの設定作業とか、なんだかあのへんのことが、とてもめんどくさい。テレビやビデオの配線までは、ついていけたんです。でも、パソコンだけは、どうにもこうにも……めんどくさいんです。

それは、昔「物理」がとても苦手で、ひどい点数を取っていたのを思い出すからかもしれません。「数学」まではついていけたのに、「物理」はどう考えても答えが出ない。それがとても悲しく、自分が情けなかったのを覚えています。

パソコンが言うことを聞いてくれないときに、「物理」の勉強で感じたのと同じようなやりきれなさ、情けなさを感じ、悲しい気持ちになります。そう「思い出してしまう」のです。だから、一言「めんどくさい」になるのです。

パソコンの設定作業にかかると、できなくて悲しかった物理を思い出すから。「こんなこともできないダメな自分」を、また感じてしまうから。

あなたの「めんどくさい」は、なんですか？

9

もしかして、あなたは“催眠術”にかかっている!?

牛乳をたくさん飲むと、体が強くなるよ。
そんなやり方をしてると、失敗するわよ。
ちゃんと勉強しないと、あの人みたいになるのよ。
遊んでばかりいると、将来困るわよ。
自分勝手なことしてると、人に迷惑をかけるのよ。
そんなこと人に言うと笑われるよ、馬鹿にされるよ。

これ、「あなたが○○すると、××になる」という、**人に「暗示」をかけるときの基本文章のかたち**になっています。もしかしたら、僕たちもそうとは知らずに使っているかもしれません。

あなたが繰り返し言われた言葉は、なんですか？

そして、今もその「暗示」にかかっていないでしょうか。

こうした暗示、実は、親や先生の価値観です。親や先生が「強く信じていること」です。それが、「～しなさい」という命令、そして「～してはいけません」という禁止令として、わたしたちのなかに深く刷り込まれてしまっています。

もう一度言いますね。

その「命令」と「禁止」は、親や先生が強く信じていることです。

「たまたま」の出来事を〝法則〟に昇格させていない？

ほかにも自分自身の体験を通じて、「自己暗示」にかかっているかもしれません。

出かけたときに、たまたま雨が降った。

「わたしが出かけると、雨が降る」

自分がしゃべったときに、たまたまみんなが黙っていた。
☞「わたしがしゃべると、みんながしらける」

病気のときに、親が優しくしてくれた。
☞「病気になれば、優しくしてもらえる」

親の言うことを聞いたら、おもちゃを買ってもらえた。
☞「いい子にしてると、いいことがある」

親に反抗したら、こっぴどく怒られた。
☞「自分の意見を言うと、怒られる」

つまり、**その「出来事」が「たまたま」だったのに、「必ずそうなる」と思い込んでしまった**可能性があるのです。

たまたま起こった出来事を、自分で勝手に「暗示」に変えていませんか？

そんな暗示にかかると、人は自分の意思や〝本当の気持ち〟とはまったく違った行動をとってしまいます。

そして、この暗示から自分を解き放つためには、まずは「自分がどんなことを思い込んでいるのか」を知る必要があります。

それが一番わかるのは、自分が**「なにかをしないといけない」**とか**「なにかをしてはいけない」**と思ったとき。ここに、不要な「恐れ」があるのです。


「しないといけない」と思ったら、**「しなくてもいい」**とつぶやいてみてください。

「してはいけない」と思ったら、**「してもいい」**とつぶやいてみてください。


とても居心地の悪い気持ちがしますよね。

でも、そんなことによって、自分の考えが自由になることがあったり、それをしている人を許せるようになったりすることがあります。

可能性として、何度もつぶやいてみてください。

10 「自分の本音」が迷子になっている人

僕たちは「大人」になろうとして、大人でいようとして、みんなと同じでいたくて、他人の意見や価値観に合わせて生きようとします。

そのほうが、安全で安心だから。

すると、どうしても「本当の自分」「等身大の自分」との間にズレが生まれてきて、「苦しくなる」。

そして、自分の本音を抑え続けていけば、いったいどれが自分の本当の気持ちだったのか、わからなくなって当然です。

でも、大丈夫です。ちゃんと「自分の本音」を見つける方法があるんです。

その「本音」を見つけるきっかけの一つは、**「自分の行動を見る」**ことです。

いつだって「行動」は〝言葉〟より雄弁

たとえば、「会社を辞めたい」と言っている人がいます。「でも、辞められないんです」と言って、悩んでいます。

僕はその言葉を聞くと、「あぁ、辞めたくないんだな」って思います。

たとえば、あなたが誰かから、「あなたのことが大好きです」と、まっすぐ目を見つめて言われたとします。ちょっと、嬉しいですよね。

でも、別の人から、同じ言葉で「あなたのことが大好きですよー」と、足の爪でも切りながら言われたとしたら、あなたはその「言葉」と、爪を切っている「態度・行動」のどちらを信用しますか？

そう、**僕たちの「本音」は、「言葉」ではなく「行動」に現われる**のです。

「彼氏と別れたい」「別れたほうがいいのかな」と悩みながら、いつまでも一緒にいるのは、「本音」は「別れたくない」のです。

なぜなら、そのままの状態でいることで得られる「メリット」があるから。

「会社を辞めたい」と言いながら辞められないのは、そこに〝辞めないほうがいろいろ安心〟という「メリット」があるからです。本音は、辞めたくないのです。

そんな大きなメリットを認めて感謝することもなく、かといって手放すこともせず、「このままでいいのかな?」と思い、不平不満を言う……。そして、ストレスになっていく。

「本当は、この安定した状態を手放したくない」という自分の本音に気づかない限り、問題はいつまでも解決しません。

〝苦手な人〟が伝えてくれるメッセージとは

もう一つ、見えなくなってしまった「自分の本音」を見つける手法を、あなたのセルフセラピーとして紹介します。

それは、**「あなたの嫌いな人、苦手な人に注目する」**ことです。

その人のどこが苦手なのか、どこを「なんだかイヤだなぁ」と感じるのか。そこに「自分の本音を知るヒント」が隠されているのです。

なぜなら、その人たちの「イヤなところ」は、実はあなた自身のなかにも隠されているから。

だから、彼らは教えてくれているのです。

「あなたのなかにも、こんなイヤなところがあるからこそ、あなたは〝してはいけない〟と抑えてるよね」と。

あなたが「苦手だな」と感じる人たちは、「あなたにも、こんなところがあるんだよ。逃げてないで、早く認めなさい」と、迫ってきているだけなのです。

だから、あなたにとって「イヤな人」というのは、**あなたに、なにかのメッセージを運んできてくれる、とってもいい人**なんです。

その人のことを、好きになれとは言いません。

でも、その人が運んでくれたメッセージを、「あ、これが自分なんだ」とあなたが受け取るまで、その人は、あなたにせっせとメッセージを運び続けてくれます。

だから、逃げても同じなんですよ。

11

“グズグズ病”を一瞬で治すコツ

サーカスの象は、ロープで杭につながれているだけなのに、じっとして逃げようとしません。抜こうと思えば抜ける力があるのに、なぜでしょうか。

それは「自分には杭を抜く力がない」と思い込んでいるからかもしれません。

なぜ、そう思い込んだのでしょうか。

子どもの象を鎖で杭につなぐと、当然、小さな象は杭を抜こうと思います。でも、力が足りず、抜くことができません。

何度も何度も抜こうと努力するうち、その象は「自分には杭を抜く力がないんだ」と思ったまま大きくなります。そして、成長して抜く力が充分についてからも、もう杭を抜こうとはしないし、本当に杭を抜けなくなるのです。

僕たち人間も、子どもの頃になんらかの理由で信じ込んだことが、「常識」となって、その後の人生にも影響しています。

そう、子どもの頃に「できない」「無理だ」と信じ込んだことが、その人の**人生にブレーキをかけている可能性がある**ということです。

自分で自分を〝鎖〟につないでいる人

やっかいなのは、この「杭」が、「憎しみ」「怒り」「恨み」「悔しさ」である場合です。

確かに、最初は親や誰かに刺された杭、つながれた鎖だったのかもしれません。

つまり、誰かから受けた心ない仕打ち、誰かに言われた不本意な言葉、誰かからされた苦しいこと、誰かにしてもらえなかった悔しさや悲しみが、心の杭になっているんです。

そして「自分には無理なんだ」と、自分で杭を打って鎖で自分をつないだ。

で、その杭が**「抜けない」のではなく、「抜きたくない」**、だから「抜けるのに抜かない」ことがあるのです。抜いてしまうと、親や誰かに嫌われてしまうから。

それを周囲に話すと、

「あなたは悪くないよ」

「そうだよね、わかるよ、つらかったね」

「そのままのあなたでいいよ」

と、特に「心の世界」に興味がある人たちは言ってくれます。すると、

「そうだよね、わたしは悪くないよね」

「やっぱり、あいつが悪いよね」

「そんなのをなんで許さないといけないの」

と、〝認められた〟と思って、さらに深みにはまる場合があります。

すると、やっぱり、その人はいつまでも杭を抜きません。

一方、「心の世界」に興味のない人に話すと、

「なにをいつまでグズグズ言ってるんだ」

「みんな、多かれ少なかれ同じような体験をしてるんだ」

「それはわかったから、仕事しろ」

とか言われます。すると「誰もわかってくれない」と、被害者モードを深めていく。

つまり、他人から肯定されてもダメ、否定されてもダメなのです。

「悔しいけど、許す」と、自由になれる

最後は、**自分で杭を抜く勇気**、**「許す勇気」**です。

「許す」のは、しんどいことです。とても悔しい、とても許せない。

それでも、許す。できなくても、やってみる。

それをしないと、いつまでたっても成長できないし、最終的には損をすると思うんです。

あなたにひどいことをした人は、きっとあなたにとっては「犯罪者」です。

それを「許す」とは、**「無罪放免」にする**ということです。

「許してはいけない」「許すべきではない」「罰を与えなければいけない」という思いがあるかもしれません。

でも、あえて許してみる。それは**「勇気」**です。

「ひどいことをされた」というのは「自分の大切ななにかを奪われた」ということ。

つまり「わたしは、損をした」ということです。

それを許すということは**「損したままでいい」「返してもらわなくてもいい」という覚悟**をすることです。

「犯罪者を許さない」と、その人を「見張り続ける人生」になってしまいます。すると、あなた自身が自由になれない。

だって、ずっと見張っていないといけないのですから。「あいつにも損させてやるんだ」「奪ってやるんだ」、と。

だから、勇気を出して**「もう、いいかげん許してみませんか?」**。

あなたにひどいことをした人に対して「許してはいけない」「許すべきではない」「罰を与えなければいけない」ということさえも、実は、人から教えられた思い込みなんですよ。

あなたが「奪われた」というのも、すべて幻想なのかもしれないのです。

3章

心にかけた「色めがね」を外す方法

12

自分の〝イヤなところ〟に「嫌いじゃないよ」と言ってみる

僕は以前、たばこを一日二箱半ぐらい吸う〝ヘビースモーカー〟でした。でも、これから喫煙者にはつらい時代が来ると思い、あるときスパッとやめました。

禁煙を始めたとき、僕は吸いかけのたばことライターを机の上に置いたままにしておきました。

「いつでも、吸ってもいい」という状態を作ることで、まずは、たばこを**「嫌うのをやめた」**のです。

だって、長年僕を楽しませてくれたたばこ。まるで体の一部と化して、あんなに愛していたのに……。ある日突然、たばこの箱をぐしゃっとつぶして捨てたりはできませんでした。

代わりに、たばこに**「今まで、ありがとう」**と感謝を伝えてみました。すると、すぐに禁煙に成功しました。

短所も、欠点も、改善したい点も、同じです。これらは、長年、あなたと一緒に暮らしてきました。なのに、嫌ったり、追い出そうとしていませんか。

これ、実は、自分の悩みからなかなか抜け出せない人の共通点です。「自分に欠点があるせいで、幸せになれない」なんて思っていたりするのです。

もう「無駄な抵抗」はやめろ！

性格がひねくれている、スタイルがイマイチ、能力が低い、育ってきた環境が悪い……自分の一部を否定したままで幸せになるのは難しい。

「もっと、よくなろう！」と努力することは、当然必要です。でも、あなたの今の性格、今の状況を作り上げた、これまでの人生までを否定しなくたっていいのです。

そうは言っても、なかなか現状や欠点を受け入れられないという人がほとんどです。


あのね。受け入れなくていいんです、今は。

だって、受け入れたくても、受け入れられないんですものね。

いったん、その無駄な努力をやめましょう。


代わりに、**「嫌わない」**ようにしてみませんか。欠点にも、「嫌いじゃないよ」と言ってみませんか（その後に小さく「好きにはなれんけど」と言ってもいいですから）。

え？　それもできない？

じゃ、それはそれでいいですよ。今はそのままでいいので、次のページに進んでみてくださいね。

13

〝心のブレーキ〟の簡単な外し方

「今の自分」を受け入れたくても受け入れられないという、**自分の無意識のなかにあるブレーキを見つけて外す**ための、とっておきの方法をお教えしましょう。

理屈は知らなくても、すごくうまくいく方法なので、だまされたと思ってやってみてくださいね。ものすごい秘伝の方法ですから。

それでは、

①あんな人になりたいな
②あんな人になりたくないな（あんなことはしたくない）

という人を、それぞれ挙げてみてください。

たとえば、

①社交的で誰とでも話せる明るい人、とか

②人に自分の意見を押しつけるイヤな人、とか

挙げました？

(こういうのは、ホントに信じてやる人だけに奇跡が訪れるんですよ～♪

信じる者は救われるってやつでしょうか)

①〇〇〇〇〇〇　な人

②××××××　な人

そして、下のような文に換えて、ことあるごとに唱えます。はい、おまじないです。

①わたしは、〇〇〇〇〇〇　をしてもいい

②わたしは、××××××　をしてもいい

例のパターンでいうと、
①わたしは、社交的で誰とでも話せる明るい人、になってもいい
②わたしは、人に自分の意見を押しつけてもいい

とくに、②のパターンが効果的です。

“ムカつく人”を見たら、すぐさまこの「ワーク」！

たとえば、道を歩いていると出会ったり、会社にいたりする、怒鳴る人、攻撃的な人、うるさい人、愚痴を言う人、不倫をする人、ずるい人、逃げる人、暴力をふるう人、なにもできない人、遅刻する人……。

……はい、これら「気になる人」を見たら、すべて、

「わたしは、××××××　を、してもいい」

に換えて、つぶやいてみてください。

はい、気持ち悪いですね〜。

でも、やってみると、あらあら、不思議なことが起こりますよ。だまされたと思って試してみてね。

その人のイメージを手のひらにのせて、自分のなかに「戻す」しぐさを加えると、「なおよし!」です。

すると……、あなたが「無意識にかけているブレーキ」が外れて……。

続きは次項でのお楽しみ!

14
「それ」は〝あなただけの現実〟なのかもしれない⁉

前項で紹介した「無意識のブレーキを見つけて外す方法」をやってみてもらうと、「うまくいった！」と言う方もいますが、「すごくイヤな気持ちになった」と言う方もいます。

どうして気持ちが悪くなるのでしょうか。

そこで、あるお話をします。

「何にでも醤油をかける女の物語」です。

ある街に、いつも食卓に醤油を置いている家がありました。その家では、いつの頃からか（先祖代々？）、食べ物には、なににでも醤油をかけるという習慣がありました。その家で育った裕子さんも、当然のごとく、なににでも醤油をかけます。

卵でも、カレーでも、プリンやケーキにも、醤油をかけます。子どもの頃から、家族みんながそうしてきたし、それが当たり前だと思っていたからです。

小学校の給食にも、いつも魚のかたちの小さな容器に入れて、醤油を持って行っていました。先生やみんなから、不思議がられたり、変な扱いを受けたりしましたが、裕子さんは逆に、みんながどうして醤油をかけないのか不思議でした。

だから、裕子さんにとっては、すべての食べ物が塩辛いもの。「甘いもの」や「まろやかなもの」があることにさえ気づきませんでした。

年頃になった裕子さんは、彼氏から言われました。

「今まで我慢してたけど、なににでも醤油をかけるのはやめてくれないか。こうやっておいしいケーキを買ってきたんだから、甘さを楽しまないか」

裕子さんは、なにを言われているのかわかりませんでした。

「甘さって、なに？　見たことも、食べたこともないわ！　どうして醤油をかけたらダメなの⁉　前から思ってたけど、わたしも言わせてもらうわ。どうしてあなたは、いつも醤油を持ってないのよ!!」

裕子さんは、自分を否定された気がして、とても悲しく感じました。

自分の「当たり前」って、実は……

そして、そこから裕子さんの行動が変わったのです。

（いいわよ、じゃあ、なににでも醤油をかけないでいるわ）

裕子さんは、あまのじゃくになって、極端な行動に出ました。お刺身にも醤油をつけない、卵かけご飯にも醤油をかけない、焼き魚や焼き海苔、煮物にも醤油を使わなくなりました。

そして、「どうして、この料理はこんなにおいしくないのよ!!」と、毎日のように怒っていました。

「ちょうどいい」というものが、わからなくなってしまったのです。

裕子さんの育った家庭では、なににでも醤油をかける文化でした。それが「常識」

「当たり前」「信じて疑わないもの」だったのです。

そして、これが「ゆるぎない大前提」であり、これが「裕子さんだけの現実」なのです。

そもそも〝大前提〟が間違っていた！

これは、心にも言える話です。

目の前の「出来事」すべてに**「自分の価値観」（醤油）**を混ぜる。その結果、**「自分だけの（醤油味の）現実」**が繰り広げられます。

彼が浮気しているはずだ、という目で見れば（疑いの醤油をかければ）、彼の言動のすべてが、疑わしく見えてしまいます。

自分はつまらない人間だ、という目で見れば（つまらないという醤油をかければ）、他人のなにげない行動によって、自分はつまらない人間なんだと、いつも思わせられてしまいます。

あの人はわたしを避けているんだ、という目で見れば（避けられている醤油）、ブログのコメントが減っただけで、やっぱり避けられてるんだ、と感じ始めてしまいます。


これは、こういうものだ。

これは、こうであるはずだ。

これは、こうするべきだ。

これを、「思い込み」とか「先入観」といいます。

それは、誰かから教えられ、刷り込まれてきたものです。

「どんなものも、醤油をかけたほうが、おいしいんだよ」

そう、「大前提」が間違っているのです。

間違った大前提（〜すべき）の上に立っていくら努力しても、間違いが拡大するだけです。勘違いが加速するのです。

「どっちにも○《マル》をつける」と、視界がパーッと開けていく！

こうした自分の「べき」に反する人が、「苦手な人」です。

「なんであなたは、醤油をかけないの!!」とイヤな気分になります。これが**「自分だけの制限、自分だけのブレーキ」**です。

逆に、「そう、あなたは、わたしと同じように醤油をかけるのね、素晴らしいわ」と感じるのが、「好きな人」「憧れる人」です。「あなたはわたしと同じ味覚を持っているから、素晴らしい」なのです。

そして自分と違う価値観を持った人、自分と同じように醤油をかけない人を許すためのワークが、前項で紹介した「無意識のブレーキを見つけて外す方法」なのです。

「醤油をかけてもいいし、かけなくてもいい」

今までは、「醤油をかけないとダメ」「かけるべき」、もっと極端に言えば、「醤油をかけないと怒られる、嫌われる」でした。

それを、「醤油をかけるのも、いい」「かけないのも、いい」と、**どちらにも○《マル》をつける。**

そして、**自分で「選ぶ」**ことができるのです。

繰り返しやってみてくださいね。

あなたは、目の前の出来事にどんな醤油をかけていますか。もし、目の前で「ムカつく!」「なんかイヤだな」と思うことが起こったら、

「これは、わたしが勝手に醤油をかけているだけかもしれない」

そう思って見ていてください。

すると、「あれ、勘違いだったんだわ」という出来事が、次々に起こりますよ。自分が勝手にかけている「醤油」に気づくことができます。

「えーーーー!!　ほかの人は、ケーキには醤油をかけないんだ!!」と驚きますよ。

15 百発百中！ つぶやくだけで不安が消えていく！

日々の暮らしのなかで、将来のことがふと不安になったり、今取り組んでいることが、もしうまくいかなくなったらと恐れを感じたり、また、他人の自分に対する言動に「避けられた？」などと不信感を感じたりすることはないですか？

そんなあなたに、僕も普段よく使っている**「不安や恐れを打ち消す方法」**をお伝えしましょう。

今、「不安」や「恐怖」は、基本的には**「過去の経験」**からやってきます。

「目の前の出来事」に反応して、一瞬のうちに、「過去のイヤな出来事」がよみがえっているだけなんです。

これは心屋流に言うと「思い出し笑い」ならぬ**「思い出し怖い」「思い出し不安」**です。

「きっと、またあのときと同じような思いをする」、これが「不安」の正体です。

このことを知っていれば、完璧に、とは言いませんが、今湧いてきている不安や恐れを解消できます。

エクソシストなみに〝過去の亡霊〟を追い払う呪文

では、いよいよ「不安や恐れを打ち消す方法」をご紹介します。

この方法を使っていただくためには、前項で紹介した「なににでも醤油をかける女の物語」をお読みいただく必要があります。もう読んでいただけました？

では、お話しします。

あの人を怒らせたかも。

あの人は、わたしを嫌っているはず。

これをやったら、きっと失敗する、笑われる。

この飛行機は落ちる。

自分はきっと、ひどい目にあう。

また責められる。

こんなことやって（言って）いいのかなぁ。

……そんなふうに不安や恐れを感じたら、

「これは醤油だ」

「これは醤油だ」

「これは醤油だ」

と唱えてみてください。

はい、馬鹿みたいですね〜。でも、馬鹿みたいに効きますよ♪


僕たちは、馬鹿みたいに過去から来る不安におびえます。

それを証拠に、あなたの過去を知らない人は、

「そんなことないよー」

「そんなの思い込みだよー」

と言います。

でも、本人は、過去の亡霊に囚われているので怖い。

そう、過去の幻想にとりつかれているだけなんです。

だから、

「これは醤油だ」（思い込みだ・過去の経験だ）

というつぶやきが効くんです。何度もつぶやいてみてください。

すると、どうなるか。

「あ、これは自分の思い込みだったんだ」という驚きの現実が、目の前にやってきますよ。今のところ、僕は百発百中です。

ぜひ、試してみてくださいね。

16

「正しさのモノサシ」を振り回さない

カウンセリングをしていて、つくづく感じることは、**「べき」が人生を決めている、**ということです。

男とは、女とは、夫とは、妻とは、こうある「べき」。
礼儀やモラルは、こうある「べき」。
仕事の仕方は、こうある「べき」。
食事は、健康のためには、こうある「べき」。
だから、わたしは、あなたは、こうする「べき」。

この「べき」が外れた瞬間に、人生は大きく変わります。

人生が大きく変わるというより、自分の見ている世界が変わります。

人は、誰か信頼する人物から「こういうときは、Aにするんだよ」と教えられると、そうかAが正しいんだ、A以外は間違っているんだ、と考え始めます。

たとえば、信頼する誰かから「ご飯を食べるときは、くちゃくちゃ音を立てたら行儀が悪いんだよ」と言われたら、そのときから「べき」が始まります。音を立てて食べている人を見ると、「行儀の悪いダメな人」と判断し始めます。

一方、自分は音を立てて食べないようにしているので、「行儀がいい」、つまり「自分は正しい」と考え始めます。

でも、うどんをすすれなくなって、「食事が遅い」と怒られて悩むことも……。

同じように、「人には優しくするんだよ」と言われたときから、「人には優しくするべき」が始まります。そして、人に冷たくする人や、人に優しくできない自分を裁き始めます。

〝押しつけがましい人〟はイライラしがち

そう、つまり、「べき」という言葉は、**「わたしは正しい」という〝自分だけのモノサシ〟**を自分にも他人にも押しつけるものなのです。

自分の「べき」に反する人は、自分にとっては「正しくない」人なのです。「正しくない」人が身近にいたり、なんらかの事情で自分が「正しくない」ことをせざるを得ない場合は、その人にとっての問題や悩みはずっと存在し続けます。

人には怒鳴るべきではない、と思っていると、なぜか自分の周りに怒鳴る人が現われ、腹だたしい思いをします。

メールの返事はすぐに返すべき、と思っていると、なぜかメールをすぐに返さない友人が続出して、イライラします。

上司は部下に優しくすべき、と思っていると、優しくしてくれない上司に腹が立ち、上司との関係が「問題」であり続けます。

一方、上司は部下に優しくすべき、と思っていない人にとっては、優しくしてくれない上司は、「冷たいけれど、とてもしっかりした上司」に見えるので、悩んだり、「問題」だと思ったりはしません。

あなたが思う「べき」は、あなただけの「べき」なのです。

あなたは「それが常識でしょ」と言います。でも、実は、あなただけの常識なのです。

"選べる自由"を自分にプレゼント

この「べき」を外していくことで、初めて「自由」が手に入ります。**「してもいいし、しなくてもいい、どちらでもいい」**という**「選択の自由」**です。

- 自分の人生を、自分で選ぶ自由
- 自分の感情を、自分で選ぶ自由

❍自分の行動を、自分で選ぶ自由

だから、人生というのは、もしかしたら玉ねぎの皮をむくように、一枚一枚、この身に密着してまとわりついている「べき」をはがしていき、そのなかから「本当の自分」を探し出す、楽しいゲームなのかもしれませんね。

「べき」を外せば、人生は変わる。

「もう、〝べき〟はやめた」

そして自由に生きてみてくださいね。

17 スネていても「いいこと」ゼロ！

カウンセリングに来られるクライアントさんが、必ずと言っていいほど口にする言葉があります。

それは、**「〜できない」**です。

「他人とうまくしゃべれない」

「自分に自信が持てない」

「物事を肯定的に見られない」……などなど。

心理療法の一つ、ゲシュタルト療法の創始者フレデリック・S・パールズが、こう言っています。

「〝できない〟を〝しない〟に言い換えなさい」

カウンセリングをしているとき、僕の頭のなかには、いつもこの言葉があります。

「この人は、できない、のではなく、『しない』んだ」

どうして、しないのか。

心理カウンセリングでは、**どんな行動にもなにかしらの「肯定的な意図」がある、**と考えます。その行動には、なにかメリットがあるのだと考えるのです。

たとえば、

「他人とうまくしゃべれない」

という、一見否定的に見える行動でも、「他人とうまく話さない」ことによって、今以上に傷つかない、危険を冒さなくていいというメリットがあるのです。

でも、ときには、どう考えてもメリットがないのに「できない」という症状を目にすることがあります。

そして、これを掘り下げていくと、ある事実に突きあたります。

それは、本人がそうすることに**「決めている」**ということです。

「できない」ではなく「しない」んだ

たとえば、子どもの頃に親とのやりとりや友人とのやりとりのなかで、なにか大きなショックを受けたり、激しい怒りやマイナスの感情を感じたりしたことがきっかけで、

「わたしは、もう誰ともしゃべらない」

「わたしは、決して笑わない」

「わたしは、絶対に人に頼らない」

などと「決めている」人が多いのです。結局は、自分で**「しない」ことに決めている**のです。

もしかしたら、強烈な「反面教師」に出会って、強くスネた瞬間に決めたのかもしれません。

大好きな人から、親から、なにかを「してもらえなかった」。愛してもらえなかった、優しくしてもらえなかった、話を聞いてもらえなかった、信じてもらえなかった。それどころか、ひどいことをされた、奪われた、怒られた。

でも「言えなかった」。そして、言えない代わりに、強くスネたのです。強く、「素直に生きない」ことを決めたのです。

だからやはり、「できない」ではなく、「しない」のです。でも、本人は「自分で決めたこと」を忘れているため、どうしてそんな状態になってしまうのか、まったく理解できないのです。

そして、「決めたこと」は「信念」となって、その人の思考・感情・行動・能力・住む場所までのすべてを支配しています。

この決断は、**過去のイヤな出来事から自分の心を守る**ために必要だったのでしょう。けれど、もう今となっては、その決断はあなたにとって必要のないもののはずです。それを理解すれば、過去の呪縛から解き放たれることができます。

さて、あなたは、子どもの頃、なにを「してもらえなかった」ですか。
そのとき、どんなことを「言えなかった」ですか。
さて、あなたはそのとき、言えない代わりに、なにを決意し（スネ）ましたか？
さて、あなたはまだ、なににスネていますか？
その「決めたこと」は、今のあなたにはもう必要ない、と思いませんか。

4章

不安・イライラ・モヤモヤが消える〝とっておき〟の方法

18

「ねばーランド」から「たいランド」へGO!

人の心には、「不安」と「安心」からくる、二つの「世界」があります。

それは、**不安の世界の「ねばーランド」**と**安心の世界の「たいランド」**です。

どちらの世界に住むかで、大げさに言えば、**天国と地獄ほどの差**があるのです。


「ねばーランド」とは、**「〜するべき」「〜やらねば」**という「義務」と「決まり」「恐怖」によって制限された、自由のないガチガチの世界です。

「不安」と「恐れ」「怒り」「疑い」が、まるで空気のように充満し、奪い合い、戦い続け、飢え続ける世界です。

「ねばーランド」の住人は、「住む世界」を変えない限り、終わりなき不安に襲われる「心のラットレース」「無間地獄《むげん》」からいつまでも抜け出せません。

「義務&決まり」の世界と「自由&責任」の世界

一方、安心の世界の「たいランド」は、**「～したい」「～する」**と自分の意志で選択していく**「自由と責任の世界」**です。

ここは、欠点も長所もなく、争いではなく分かち合い、助け合い、たたえ合う心豊かな**「優しさ」「安心」**と**「喜び」「楽しみ」**の世界です。

「たいランド」での恋愛は、

安心しているから、束縛しない。
安心しているから、失う不安がない。
失う不安がないから、執着しない。
安心しているから、愛情が注げる、いつも笑顔でいられる。
安心しているから、疑わない。確認しない。

という穏やかなものになります。


「人は、わたしのことを認めてくれている」

「人は、わたしのことを愛してくれている」


それがいつも心の底で信じられたら、どんな関係が築けるか、想像いただけるでしょうか。


また、「たいランド」での仕事は、安心しているから、評価を気にしない。失敗も怖くない。お客さんや取引先、上司や部下に媚《こ》びる必要もありません。

だから、好きなことができるし、イヤなことは我慢しない。

安心しているから、会社にしがみつかない。

会社にしがみつかないから、家族も大切にできる。

「安定」にしがみつかないから、言いたいことが言える。


結果的に、よりよい成果を出せることは、想像いただけると思います。

そのためにもまず、言葉だけでも「ねばーランド」から「たいランド」に変えてみませんか。

自分で選びとる人生はいつでも楽しい

たとえば――、

「○月○日までに、この仕事を完成させねばならない」と思ったら、

「○月○日までに、この仕事を**完成させたい**」

だって、そのほうが喜ばれるから。

「時間通り、約束通り、そこに行かねばならない」と思ったら、

「時間通り、約束通り、そこに**行きたい**」

だって、そのほうが気持ちいいもの。それに、予定通りに進むと嬉しい。

「上司の指示には従わねばならない」と思ったら、

「会社の方針には**従いたい**」

だって、みんなで同じ方向に向かうほうが、いいものができるもの。

「妻は家事をしなければいけない」と思ったら、

「家事を**したい**」

だって、そのほうが気持ちよく暮らせるもの。


このように、考えてみてください。「義務」を「意志」に変えてみてください。

そして口に出してみてください。


そこから、**「自分の意志でしている」「自分がすると決めた」「自分が選んだ」**という、**自分の行動に責任を持つ**という考え方の始まりです。

19

「○×でジャッジ！」の人生から足を洗う

よりよい人生を送るために、

「がんばって前向きでいなきゃ！　いつでもポジティヴでいよう」

と思うことがあります。

そして、そうやってがんばって前向きに生きようとしてきたのに、人生が思った通りに運ばないと、今度はポジティヴになることを否定するようになります。

「感謝しても、いいことがない」

「物事をよい方向に考えようとしたけど、やっぱりいいことがない」

「ポジティヴになってもうまくいかなくて、苦しくなってきた」

これは、なぜでしょうか。

それは、ニセモノのポジティヴにはまっているからです。

“いいところ”を見つけるクセをつける

僕たちは「ポジティヴ」が○、ネガティヴは「×」だと決めつける考え方をしています。「いいことがない」「うまくいかない」というのも、「×」の目で見ていますそもそも、この「×の目」で見ることが、心のクセです)。

本当の「ポジティヴ」とは、物事を○×でジャッジするのではなく、**「物事にはいい面も悪い面も両方あると信じる」**ということ。

今までは、「物事の悪いところばかりを指摘される」システムのなかにいたから、仕方ないのです。でも、これからは**「ないと思っていた“いいところ”を見つけるクセ」**を、自分で積み上げてみませんか。

他人の欠点やミスを見つけるほうが、確かにたやすいのです。そう訓練されてきましたし、そういう目も持っていないと、世の中、不良品だらけになってしまうでしょう。

だから、自分自身のことも、もしかしたら欠点を見つけたり、できない自分を責めたりするほうが、簡単なのかもしれません。「自分のことを嫌いだ」と言うほうが、楽なのかもしれないのです。

あなたの周りに「自分のことがあんまり好きじゃない、自分のいいところを見つけられない」と口にする人がいたら、**その人のいいところを見つける練習**をしてみてください。

それがうまくできるようになると、自然に「自分」の素晴らしさにも気づけるのかもしれませんね。

これは、練習です。

「ありがたいなぁ」の心が未来を拓く

ネガティヴな心は、「満たされていない」「足りない」という「不満」「不安」の心です。「満たされていない」と思い込んでいるから、怖い。

でも、他人や物事のいいところを見つけようとしたとき、確実に浮かび上がる一つの「心」があります。

それは、**「ありがたいなぁ」**という**「感謝」の心**です。

「すでに持ってるなぁ」「支えられているなぁ」「恵まれているなぁ」という**「満たされている」心**です。


満たされているから、ほかの人にも優しくできる。やっぱり、ここにつながるようです。まず、他人のいいところを見つけること。そして、それを自分自身にも取り入れられるようにきちんと訓練し、それが新しい「心のクセ」になったとき、どんな困難も乗り越えていける心になれるでしょう。

そんなふうにして、○×でジャッジしない**自然体のポジティヴ**になれるといいですね。

20 どうせなら、もっと「虫のいいこと」を考えてみる

多くの人が、「自分は○○ができない」「自分は、△△がうまくできなくてダメなやつだ」という劣等感や、問題を抱えています。僕にもたくさんあります。

人前で話せない。
片づけができない。
人と仲よくできない。
いつも目の前のことがうまくいくか心配で、自分を信頼できない。

このように、自分がイヤだなと思っていることを繰り返してしまうのは、「本心で

は、ダメなことをやりたい」んです。

というより、「強く思っている」んです。

「願って」まではいないけれど、「自分は○○ができない」とか「自分はこんなやつだ」と「強く信じている」からこそ、そこに「焦点」を当て、その**「証拠」**を集めてきてしまうのです。

「そんな気がしてた」が、かなうのはなぜ？

たとえば、

「わたしは人前でうまく話せない人だ」

と思っている人は、それを証明する出来事（緊張感や、嘲笑《ちょうしょう》する人）を集めます。

「わたしは片づけができない人だ」

と思っている人は、それができない状況（忙しさや、散らかす人）を作ります。

「わたしは人と仲よくできない人だ」

と思っている人は、仲よくなりかけると、自分から関係を壊します。

自分のなかに「恐れ」があると、その「恐れ」をあおるような人や出来事を集めてきてしまうのです。

そうやって、自分の「自己認識」つまり、「どうせ私はこんな人だ」というセルフイメージを証明しようとします。

要するに、**「自分が強く思っている、『どうせ……』ということを証明してくれる出来事に焦点を当てるから、そればかりを見続ける」**ということですね。

そして、「ほらね」と、自分の「思い」をどんどん強化して、「やっぱり正しいんだ」という「確信」に変えていく。

だから、ネガティヴなことばかりが起こる人は、そんな出来事があると、思わず**「やっぱり」「そんな気がしてた」**って、内心で言ってませんか？

だって、ずっと、それを「思って」るんですもの。かなってしまいますよね。それ以外のものは見ようとしないですものね。

それほど、強く「念じて」いれば、当然です。

でも、どうせなら、もっと**自分が嬉しくなること、虫のいいことを強く「念じてみませんか。**

そのほうが、人生、きっと十倍楽しいですよ。

21 コンプレックスを「プラス方向」に生かすコツ

浮かない顔をして僕のセミナーを受講しに来る人たちは、〝悩みのデパート〟かと思うくらい、心のモヤモヤをあれこれと抱えています。

でも僕にしてみれば、それらの悩みのあれこれは、そのほとんどが**「たった一つの核となる問題」**から生まれているのがわかります。

だから、その「核」を解消すれば、いろんな問題はいっせいに消えていきます。

その核の一つは、「劣等感」や、「恥ずかしいので知られたくないこと」が多いですね。たとえば、

❍容姿の劣等感（胸が小さい、太っている、色が黒い、かわいくないなど）

❍能力の劣等感（仕事が遅い、運動ができない、片づけができない、センスが悪い、特技がないなど）
❍学歴の劣等感（学歴がない、学歴があるのにうまくいかないなど）
❍経験の劣等感（夢がない、転職が多い、離婚したことがあるなど）
❍家族の劣等感（家族に変わった人がいる、特殊な事情、たとえば死や障害や宗教に関することなど）
❍性格の劣等感（話が面白くない、赤面症など）
❍体の劣等感（アトピー、腋臭《わきが》、毛深い、足が短いなど）
❍性の劣等感（経験の多少・有無、特殊な体験、性癖など）

こうした劣等感を人目から隠そう、他人に知られたくない、と思うことで、どんどん深みにはまっていき、心も体も身動きがとれなくなる。そして、もともと備わっていた素晴らしい能力や魅力、生き方を殺してしまうのです。

これでは、うまくいくはずがありません。その人が、その人らしく生きていないのですから。

こんな役に立たない「仮説」はゴミ箱行き！

僕の悩みの「核」は、中学時代に「仲間外れにされた」ということでした。それは、僕にとってはつらい出来事でした。

でも、それ以上に、「そういうことをされた自分」「友達が少なかったこと」を人に知られるのが怖くて、中学時代の出来事――クラブ活動、遊び、趣味、交友関係などを、記憶から消そうとしていました。

それらが「核となる問題」となって、その後の交友関係や、仕事をするときの態度、家庭での振る舞いなどに影響していました。

でも、僕自身、そんなことがすべての原因だなんて、夢にも思っていませんでした。

そして無意識のうちに僕は、「自分が仲間外れにされた理由」を自分なりに想像してしまっていました。

「話が面白くないから」

「運動ができないから」

「クセ毛だから」

「性格がおかしいから」

こんな「仮説」を立てて、コンプレックスにまで成長させてしまい、「どうせ自分は……嫌われ者だ」と、それを証明する人生を送ってきたような気がします。

すると、なぜか周りの人たちが、そんな自分の欠点を指摘しているように思え、うまくいかないこともどんどん増えて、スネたり、いじけたり、意地を張ったりしてしまいました。

「生き方がズレてきているよ」というサイン

「苦しい」「うまくいかない」というのは、「生き方がズレてきているよ」「自分のことを悪く勘違いしているよ」という、本当の自分からのサイン。

ということは、「コンプレックス」を認めて、解放して、さらけ出してしまえば、大きく変化するのです。

「それでも愛される」ということに気づくしかないのです。

必要なのは、**「勇気」**だけです。

自分のコンプレックスを認めて、解放した後に訪れる「変化」が、**「自分らしく生き始めた」というサイン**なのです。

22

「病気」になっても、「病人」にはなるな

僕がいつも読んでいる『浮浪雲《はぐれぐも》』という漫画があります。
主人公の浮浪雲の台詞には、度々唸《うな》らされます。
たとえば、
「お前さん、病気になってもいいけど、病人になるんじゃないよ」
という言葉。面白いなぁ、と。
病気になっても、病人にはなるな。これは、いろんなふうに応用できるのです。
貧乏になっても、貧乏人にはなるな。
失敗しても、失敗する人にはなるな。

動かないのはいいけど、動かない人にはなるな。

結婚できなくても、結婚できない人にはなるな。

「うつ」になっても、うつの人にはなるな。

暴力を受けても、暴力を受けるような価値のない人にはなるな。

つまり、**「一時的な状態」や「経験」はいいけれど**、貧乏人、失敗する人、ダメな人、動けない人、結婚できない人、病人、虐待される人……という**「存在」にはなるな**ということです。

多くの人が、子どもの頃に経験したことで、「そういう人」になってしまっているのです。

「もう、終わらせる」と決めるだけでいい

自分の身に降りかかるさまざまなよくない出来事は、降りかかっているだけ。

不幸な目にあっても「不幸な人」になる必要はないし、誰かに愛されなくても「愛

されない人」になってはいけないのです。

自分に降りかかる出来事は、シャワーを浴びるように、**「体験しては終わらせていけばいい」**のです。

降りかかったら、払えば終わりなのです。

過去に病気になったからといって、ずっと病気でいる必要はないのです。

過去にいじめられたからといって、ずっと「いじめられる人」でいる必要はないのです。

過去にできなかったからといって、ずっと「できない人」でいる必要はないのです。

「それは、もう、終わり、終わらせる」と自分が決めていいのです。

そんな簡単なもんじゃないわよ、そう言われるかもしれません。

そんなの当たり前です。

でも、それを「絶対無理」と決めるのも勝手だけど、「できるかも」と思ってみても、いいじゃないですか？

「絶対無理」なんて、誰が決めた？

なんで「絶対無理」と決めるんだろう。決めたんだろう。

先生が言ったから、友達が言ったから、親が言ったから、お医者さんが言ったから、テレビで偉い先生が言ってたから……。

「常識」というものは、常に覆《くつがえ》ります。

「科学的根拠」なんてのも、いとも簡単に覆ります。

「自分の考えや価値観」なんてのも、いとも簡単に覆ります。

だから、自分で自分のことを、

- 愛されない人
- 病気の人
- 不幸な人

- ダメな人
- ついてない人
- 苦労人
- 稼げない人
- 嫌われる人
- 動けない人

と、決めてしまっているとしたら、それを疑ってみてください。

「どうせダメだ」

この思考が、人生のすべてをダメにします。


もう、**親や〝あの人〟に言われたこと、信じなくていいん**ですよ。親にもらったあなたのラベル、自分ではがしてしまいましょう。

5章

「人づきあい」がもっと楽になるコツ

23

「なんとなく、嫌われてる気がする」それ本当？

なんとなく、あの人から避けられてる。
なんとなく、あの人から嫌われてる。
仲がよかった人なのに、なんとなく距離を置かれている。
そんな気がするときは、ありませんか。

「なんとなく」だから、「気のせいだよ」「ちゃうちゃう」「きっと私の勘違い」って心のなかで言ってみたけど、でも、やっぱりなんか、イヤな気がする。
そんなとき、実は、あなたは「あの人」から避けられています。嫌われています。

ちょっとお尋ねしますが、あなたも、

「わけもなく」

「なんとなく」

誰かのこと、嫌い……というわけでもないけど、なんとなく、本当になんとなく避けてしまうとき、ないですか。

大好きなんだけど、いつも仲よくしてるんだけど、ほんと、「なんとなく……」

自分が、あの人のことを「なんとなく」「なぜか」避けてしまう、好きになれない。

そんなときがあるように、「あの人」にも「なんとなく」「なぜだか」あなたのことを「意味もなく」避けてしまう、好きになれない。

そんなときもあるのです。

それは、あなたがなにかをしたわけでも、あなたが悪いわけでもないのです。

“心のシャッター”だけは開けておこう

でも、もしかしたら、あなたの言動のどこかに、相手が「勝手に引っかかった」それだけかもしれない。


大丈夫、大丈夫。

「なんとなく嫌われた」

「なんとなく避けられた」

そんなこと「お互い様」だから、**「そんなときもあるよね」**って、受け止めてみよう。

「嫌われること」
「避けられること」
そして
「嫌われた自分」

「避けられた自分」

を受け止めてみよう。


つらいけどね。「そういうの、やめて」って言っても、相手は「そう」なのだから。

「そう」いう気分になっちゃったんだから。

でも、そのうち、「なんとなく」元に戻るときがくるから。

「避けられてるの、イヤだな」と思って、あなたのほうも「じゃ、知らない」と心のシャッター下ろしちゃったら「あの人」、帰ってこられなくなるからね。

シャッターを開けたまま、「なんとなく」、気まぐれなあの人を待っていよう。

24

もっと人に甘えても「バチはあたらない」

心理カウンセリングをしていると、

「人に甘えられない」

「どうやって甘えたらいいのか」

「甘える、頼るってどういうこと」

という声を聞きます。


こんな悩みがある人は、どうすればいいのか。

簡単に言えば、

「甘えるっていうのは、人に迷惑をかけること」

だと僕はいつも思っています。

甘えることは、迷惑をかけること。

甘えられない人は、「甘えられない環境」で育ったという方が多いようです。

たとえば、長女や長男の生まれで、すぐ下に手のかかる弟か妹が生まれた。「お兄ちゃんだから」「お姉ちゃんだから」しっかりしないといけなかった。

そうでなくても、勝手に親の〝空気〟を読んでしまったり、「いい子」にしているときに親に褒められて、「手がかからないことは、いいことだ」と思ってしまったり。

はたまた、ただ、「親に甘えに行ったら嫌がられて、そのときから甘えるのが怖くなってしまった」とか。

そんなあたりが、「甘えられない理由」として引っかかってくることが多いようです。

つまり、

「甘えることが安全でない、嫌われる」

「甘えることは人を困らせる」
と「思い込んでいる」のです。

そんなに歯を食いしばらなくてもいい

ということで、それを一番早く解消するのが**「迷惑をかけること」**だというわけです。

たとえば、目の前の、手に負いきれなくなっていることを、「手伝ってほしい」と言ってみる、誰かに代わってもらう。

つらいとき、大変なとき、家族や友達やパートナーの前で、ぐしゃぐしゃになるほど思いきり声をあげて泣いてみる。

甘えられない人がこれを読むと、きっと震えあがります。

「むりむりむりむりむり」と言います。そしてまた「甘えられない」といつも悩む。

うん、その繰り返しです。

でも、こんなふうにも考えてみてほしいのです。

もし、あなたのすぐ側にいる誰かが、あなたに迷惑をかけたくないって歯を食いしばって、苦しくてもがんばっていたら、なんて思いますか。

そう。あなたの周りにいる人も、あなたに対してきっと同じ気持ちでいるはずです。


だから、あなたも早く「迷惑」かけてくださいね。

そうすることで、〝本当の迷惑〟になることもあるかもしれません。

でも、そういうときは「ダメ」って言ってくれます。あなたのように、我慢してまで受け入れてしまわないはずです。

「水臭いことは、もうなし」でいこう

甘えられない人は、優しすぎて、他人に言われたこと、頼まれたことを断れません。

イヤな思いをしながら、我慢して受け入れてしまいます。

だから、「他の人もきっとわたしと同じように、本当はイヤなのに我慢しているんだわ」と考えてしまうのです。

迷惑をかけると、相手にとって本当に迷惑になることもあれば、迷惑をかけて、かえって相手に喜ばれることもある。

あなたが想像しているよりも大した負担ではなくて、むしろ**「役に立てて嬉しい」って、喜ばれる**こともある。

さあ、勇気を出して迷惑をかけよう。
水臭いじゃないか。
さあ、勇気を出して、迷惑なときは「迷惑」って言おう。
ダメモトなんだ。

25

「嫌われてもいい」と開き直ると、なぜか好かれる

僕たちは今までの人生で、周囲の期待に応えるために、「世間体」や「しがらみ」「義理」「人情」などから自分の身を守るために、さまざまな処世術や戦略を身につけてきました。

そして〝大人の処世術〟が身につけばつくほど、自分の「本当の気持ち」を殺すのがうまくなります。自分の気持ちは、棚の上に隠しておいて、他人に受け入れられそうな行動をとるのです。

その一方で、**「自分のことを話したほうが、他人に受け入れてもらいやすい」**ということも学びます。

そこで、自分の恥ずかしい部分や、考えていることを話すことで、親しくなろうとします。でも、その裏では「相手の反応を期待」しています。

「これを言ったら、こう反応してくるだろう」

「つらかったこと、ひどかった出来事を話したから、慰《なぐさ》めてくれるだろう」

「恥ずかしいことを話したから、勇気あるねって言ってくれるだろう」

なんて感じです。

そう、「わかってほしい」のです。「共感」してほしいのです。

そして、それが「自己開示」だと思っている人もいます。でも、これは**「自己開示」ではなく「自己顕示《けんじ》」**です。「自己アピール」なのです。

相手の反応を前提とした自己開示は、**「わかってほしい」という気持ちのあらわれ**です。

「ハートをオープンにする」って、こういうこと

自分が「出したい」「出せる」部分だけを出すのが、自己顕示。出せないものは、

じっと隠しています。そして、相手がわかってくれないと、必死になって説明をしたり、期待する反応（共感）をしてくれない相手を悪く思い始めたりします。

これに対して「自己開示」は、自分の心を開いて、自分の本当の気持ちを伝えたとしても、それによって相手がどう反応するのか、という「見返り」「反応」を期待しません。

単に**ハートをオープンにするだけ**なのです。そして、ハートをオープンにしている人に、人は惹きつけられます。

「自分は嫌われているんじゃないか」
「自分はよく思われていないんじゃないか」
「自分には価値がないんじゃないか」
と思う人は、ただ単にハートがオープンになっていないだけなのです。

つまり、他人を信用していないから、心を開けない。周囲も、心を閉じている人とコミュニケーションすることはできません（以前の僕です……汗）。

ということは、ハートをオープンにすれば、それだけでコミュニケーションや人間関係の問題は、大きく改善されるのです。あなたが心を開いたぶんだけ、周囲の人もあなたに心を開きます。

あなたが今、周囲を見渡して、自分に対して心を開いてくれる人が少ないなと感じたら、それはあなたが心を閉じていることのあらわれです。

この〝居直り〟のパワーはあなどれない

では、どうすればハートをオープンにできるのでしょう?

心を閉じている人は、たいてい「ハートを閉じると決めた出来事」「強くスネると決めた出来事」を子どもの頃に経験しています。僕が今まで見てきたケースや、自分の経験を振り返ると、そのほとんどが、つらい、悔しい、恥ずかしい、苦しい思い出です。

その**イヤな「思い出」を解消し、癒す**ことができれば、ハートをオープンにできます。

でも、やっぱり「嫌われたくない」「よく思われたい」という気持ちが強くて、なかなか心を開けない人がいます。

それは、そうです。今までそうしてこなかったのですから、ね。

誰でも、嫌われるのは怖いです。はい、僕も怖いです。

で、ずっと苦しい、なんとかならないですか、となる。

はい、なんとかなります。

そのためには、

「嫌われてもいいや」

「どう思われても、どう評価されてもいい」

という覚悟が必要です。でも、それだけでオッケーなんですよ。

実は、**「嫌われてもいいや」と覚悟した瞬間に、自分が「嫌われていない」という現実を見せられることになる**のです。

26

「執着」と「こだわり」って、どう違う？

さて、「執着」と「こだわり」には、どのような違いがあるのでしょうか？
正式な言葉の定義ではないのですが、ここでは、

執着　＝　手放せないもの
こだわり　＝　大切にしたいもの

という分け方をしてみようと思います。
執着とは、それを**手放すのが怖い**もの。
こだわりとは、それを**追求して、愛して、譲れない**もの。

「やりたいから、やる」――このシンプルさが大切

ここに、二人のおじいちゃんがいます。

「執着おじいちゃん」は、孫にプレゼントをあげて「おじいちゃん、ありがとう」と言われるのが嬉しい。でも、孫がなにも言わないと怒りだします。

「こだわりおじいちゃん」は、孫にプレゼントすること自体が嬉しい。孫がなにも言わなくても、気にせずににこにこ笑っています。

そのために、なにをプレゼントするのか……お人形がいいのか、洋服がいいのか、それとも本がいいのか、孫のことを考えて、とてもこだわる。そのために、真剣で、そして譲りません。

つまり、前者の「執着」は、自分に対して「ありがとう」と言われると、自分が認められたようで、愛情をもらえたようで嬉しい。

けれど、お礼を言ってもらえないと、自分を認めてもらえていないと感じて喜べな

いのです。

これは、続けるほど苦しくなります。見返りがあるかをじっと見張っていて、返ってこないと、自分が真剣になったぶんだけ、相手を憎んでしまったりします。

一方、後者の「こだわり」は、相手の反応がどうこうではなく、自分が勝手に喜んでいます。プレゼントをするという行為自体が嬉しい。だから、ずっと続けられる。

この差です。

「見返り」を期待しないと〝スッキリ気分〟で生きられる

他人に対する好意も同じです。

「ありがとう」と言ってほしいがゆえの好意の場合は、ありがとうを言われないと「こんなにしてあげた**のに**……」と恨みます。

あれ？

あなたがしたくて、してあげたんじゃないの？

そう、わかってほしいだけなんです、認めてほしいだけなんです、自分がいい人だって。そして、それが愛情を得る手段だったのです。「いいこと」をしたら、愛情がもらえる、そんな子どもの頃の記憶がそうさせるのです。

自分がやりたくてやっている人は、見返りを求めません。そう、これが本当に心をオープンにするということです。

やりたいから、やる。

やることが嬉しいから、やる。

それだけです。

きっと、人間関係も、商売も、この見返りを求めない自己開示が、うまくいくポイントなんでしょうね。

27

「あなたのためだから」は偽善!?

「あなたのためだから……」

そんな一言で、相手に助言やアドバイスすることって、あるものです。

でも、あなたがこのセリフを口にするとき、相手を思う「愛情」「優しさ」から言っているでしょうか。それとも「自分の恐れや不安をやわらげるため（自分が安心したいため）」に言っているでしょうか。

たとえば、自分の子どもに、

「太郎、学校へ行かないと勉強についていけなくなるのよ」

「太郎、あなたは、もっとこうすべきなのよ。怖がらずに、もっと勇気を持っていきなさいよ」

「太郎、あなたは、だからダメなのよ。なんでそんなことするの。まったく、どうしてそれぐらいのことで怒るのよ」

「太郎、あなたは、そんなことしなくても、充分、人に受け入れられてるのよ」

なんて、「説教」をしたくなるときがあります。

実は全部〝わたしのため〟だった!?

そんなとき、「説教したい相手に言いたい言葉」を口にしてみます。

そして、その後に「相手の名前（太郎）」を、「自分の名前（よしこ）」に入れ換えてみます。

すると、一生懸命、自分に対して文句を言ってるのがわかりますよ。こんなふうに。

「よしこ、あなたは、学校へ行かないと勉強についていけなくなるのよ」

「よしこ、あなたは、もっとこうすべきなのよ。怖がらずに、もっと勇気を持っていきなさいよ」

「よしこ、あなたは、だからダメなのよ。なんでそんなことするの。まったく、どうしてそれぐらいのことで怒るのよ」

「よしこ、あなたは、そんなことしなくても、充分、人に受け入れられてるのよ」

いてててて……。


あなたのため、は、わたしのため、でしたね。

28

相手の〝欠点〟ばかり目に飛び込んでくるときは――

僕はこの仕事につくまでは、部下にも、ときには上司にも、そして、家族や子どもにも、とても厳しい人間でした。相手の欠点探し、あら探し、できていないところ探しばかりをしていました。

でも、欠点を見つけて指摘するのは、「自分ができている事柄」だけでした。自分ができないところは触れないか、もしくは棚に上げて指摘するか……。イヤなやつですよね。

社員教育の本などを読んでいると、

「褒めて育てる」

「いいところを見つけて伸ばす」

ということがよく書いてありました。

そこで、「そうか、いいところを探して褒めないと」と、いいところを探そうとします。

でも、やっぱり、欠点や足りないところに目がいってしまいます。

ここまできて、なんでだろうと考えました。

「いいね!」ボタンを押せないのはなぜ?

たとえば、「仕事は丁寧にやるべきだ」という価値観を持っていると、たとえ進行が遅くても、丁寧に仕事をしている人を「いいね」と褒めることはできます。

でも、仕事は速いけれど、雑な仕事をする人を、褒めることができません。価値観が違うから、「褒めるに値すること」に見えないのです。

逆に「仕事はスピーディーにやるべきだ!」という価値観を持っている人は、ゆっくり丁寧に仕事をしている人を、褒めることができません。

でも「褒めなければ」と思っていると、顔をピクピクさせながら「な、なかなか丁寧な仕事をしてるね」なーんて言うことになります。

なんだか怖いですね。

僕自身は、仕事はスピーディーかつ丁寧にやるべきだと思っていたので、仕事が速くても雑だったり、仕事が丁寧でも遅かったりすると、とてもじゃないけど褒められませんでした。

と言いつつ、僕は原稿を書くのは速いのですが、誤字が多いです。で、そこをつかれると、イヤな気分になっていました……。

「褒められない」なら、せめて「認める」

このように、人によって価値観が違うので、褒めるポイントも違うのです。あくまでも〝自分の価値観に合ういいところ〟を探すことになります。

「褒めるところを見つけられないんです」という人の場合は、自分のなかの**「～する**

べき」が多すぎるのかもしれません。

つまり、他人だけでなく、自分にも厳しすぎるということ。

もちろん、それによって仕事のクオリティーを高めていけるのであれば、それはそれで素晴らしいことですが、そのおかげでいつもイライラしていたり、周りの人に文句ばかり言っていたりしたら、よくないですよね。「問題」を作り出してしまうのですから。


価値観の基準のゆるい人にとっては「どうでもいいこと」でも、基準の厳しい人には、なんでもかんでも「問題」に変わってしまうのです。

そこで、価値観をゆるめて、「仕事が遅くても、雑でもいい」と思えたら、目の前から問題は消え去ってしまいます。

出来事はなに一つ変わっていないのに。

もし、あなたが「褒められない」としたら、せめて、**「認める」**ことだけでも試してみませんか？

つまり、**「やってるね」**と、よいも悪いも判断しない。

「ああ、やってるね」と「無視しない」。ただ、それをじっと見る。

人はそうやって、**否定されずに見てもらえている、とわかるだけでも安心する**のです。

それが**「見」て「止める」――つまり「認める」**なのです。

そんなところから、始めてみてはいかがでしょうか。

29

苦手な人、嫌いな人こそ「人生の師匠」

あなたのメンター、師匠って、どんな人でしょうか。
僕は、つい最近まで師匠やメンターって、自分が目指したいことを既に実現している人や、人間的に尊敬できる人、実績を残している人のことだと思っていました。

でも、最近わかってきたのです。
メンターって、師匠って、そういう人だけじゃないと。

- 師匠は、できる人
- 師匠は、素晴らしい人

- 師匠は、すごい人
- 師匠は、尊敬できる人

だけではないのです。自分という人間をさらに知って、自分という人間の器と可能性を広げていくには、

- 自分の苦手な人
- 自分の嫌いな人
- 自分が許せない人

これを師匠とすることが一番じゃないかと思うようになりました。

自分の〝可能性〟を広げてくれるのは、こんな人

もちろん、「すごい人」を師匠にするのはよいのですが、その人は、「自分の価値観

に合う人」だと思うのです。

でも、それだけでは、自分の狭い価値観のなかから飛び出せません。

苦手な人、嫌いな人、許せない人は、**自分の価値観の外にいる人。**

つまり、自分の価値観と可能性を広げてくれる人です。

自分では知らなかった世界に連れて行ってくれる人です。

居心地のいい安心できる**「いつもの場所」に居続ける**のか、苦手で、苦しくて、つらい、そんな世界に飛び込んで、**「新たな世界」を切り開いていく**のか、選択は、自由です。

結婚も同じ。

自分と同じ価値観、同じ感動、同じ笑いのツボ、同じ趣味、そんな人と結婚するのも、もちろんいい。

でも、まったく違った価値観、趣味、笑い、感動のポイントを持つ人と一緒にいることで、捨ててきた自分、あきらめてきた自分、知らなかった自分との「統合」が始まる。そんなことを感じます。

少なくとも、僕の奥さんは僕とはまったく違うので、日々、驚きです。いちいち、感動です。おかげで世界が「二倍」に広がりました。

そして、そのことを知っただけでも価値観が変わりました。

あなたと価値観の合わない苦手な人、嫌いな人、迷惑な人、許せない人……そんな彼らを「師匠！！！」と拝んでみませんか。

6章

「折れない・くじけない」心を育てる

30

「感情」を隠していると"ろくなことがない"!?

この本をお読みいただいている読者の方の多くは、日頃から「汚い言葉」「愚痴」「悪口」「泣き言」「文句」などの**「ネガティヴな言葉」を使わない**ように気をつけていらっしゃるだろうと思います。

でも、それなのに、よくないことが続いているという人、いませんか?

実は僕は、「ネガティヴな言葉を使わない」ということの意味を、勘違いしていた経験があります。

恥を忍んで、少しお話しします。僕自身は、カウンセラーという職業を選んだので、いつも笑顔で、優しく、許す、ということを心がけてきました。

でも、それはウソでした。

お腹のなかには、ちゃんと「怒り」「憎しみ」「嫉妬」「恨み」「悲しみ」なんていう、人間らしい感情が詰まっていました。でも、それをすべて笑顔と明るさで「隠していた」のです。隠して、隠して、隠して、ため込んで、ため込んで、ため込むと、どうなるか……。

「周囲の人に出る」のです。周囲の人が、代わりに僕の感情を見せてくれるのです。

"汚い言葉"を飲み込むと、心が消化不良を起こす

僕が感情を隠せば隠すほど、僕がひた隠しにしていた「怒り」「憎しみ」「嫉妬」「恨み」「悲しみ」を過剰に表現する人たちが、僕を包囲しました。そんな感情を持っている人たちは、当然苦しんでいます。よくないことが次々と起こったのです。

だから、読者のみなさんに言いたいのは、「感情」「感じたこと」が、たとえ**「ネガティヴな言葉」であっても、「ちゃんと吐き出す」「隠さない」「飲み込まない」**こと

を心がけてほしいのです。

飲み込みすぎると、心の容量を超えてブレーカーが落ちて、心も体も動かなくなります。飲み込みすぎると、周囲の人にあふれ出して、周りを不幸にします。

もっと怖いのが、飲み込みすぎると、「自分の思っていること、感じていることがわからなくなる」ことです。

汚い言葉をちゃんと使い、よい言葉もきちんと使っている。それが「本当の自分」です。

感情は〝ぶつける〟のではなく、ただ〝出す〟

では、この汚い言葉を飲み込まないで、上手に吐き出すコツをお教えしましょう。

僕が会社勤めをしていた頃の上司に、この感情を出すのがとても上手な人がいました。

彼はとにかく、よく怒る、そして暴れる。でも、出すだけ出したら、その後はもう**キレイに気持ちを切り替えて、前を向いて歩き始める。**

そして、優しい。思いついたら、すぐ動く。一見すると短気なのですが、その裏にある「優しさ」や「真剣な思い」がちゃんと伝わってくる。だから、けっして「細かい」なんて感じさせない。

逆に、黙ってなにも言わず、ギリギリまでため込んでからぶつけられたり、いつまでもネチネチと言われたりしたら、それはもう、たまらんです。

「そのつど、言ってくれよ〜」と思います。

どちらが人間らしく、どちらが魅力的でしょう。

感情の「出し方」について、相手にぶつけるのではなく、ただ〝出す〟。

「私はこう感じている」と言って、ただ見せる。ぶつけない。

そして、相手の反応を求めない。

泣き言、文句を吐き出したら〝お口直し〟にこの一言

「昔に飲み込んだ感情」も出しましょう。穴を掘ったり、布団をかぶったりして大声

で叫んでください。

「馬鹿やろーーーーーーーーーー!!!」

「さびしぃーーーーーーーーーーー!!!」

「くやしーーーー!!　ぢぐじょーーーーー!!」

そうやって、愚痴、悪口、泣き言、文句のエネルギー、ちゃんと吐き出してくださ い。

「思ったこと」「したいという気持ち」「腹が立ったこと」を全部「口から出す」。

でも、それはなかなかできないですよね。

そこで、最終手段というか、慣れるまでのステップをお教えしましょう。

それは、「吹く」。

もう一度言います。「吹く」。

怒り、悲しみの感情が湧いたら、

「ふううううううううううううっっっっ!!!」と、息を吹き出してください。

そこに「思い」をのせて、

「ふぅぅぅーーーーーーーーーっ!!」っと。

怒りや悲しみを「体にためない」練習です。だまされたと思って、やってみてね。

で、ここからが大事、ね。

汚い言葉、思いを全部吐き出した後、**「でも」とつけ加えて、「前向きな言葉」で訂正する**のです。

「でも、おかげで、今があるよね」

「でも、いいところもあるよ、あの人」

そうやって、前を向いていけばいいんです。ちゃんと、〝**お口直し**〟**すればいいんです。**

お願いだから、お腹にためたまま、作り笑いしないでね。そのほうが怖いからね。

汚い感情を、ちゃんと感じて、ちゃんと吐き出すと、そういう感情を味わう出来事自体が減ってくるんですよ。吐き出さないから、いつまでも追いかけられていたのです。

31 自分に〝不思議な奇跡〟が起きる質問

心理療法の手法の一つに、「ミラクル・クエスチョン」というものがあります。

それは、

「もし奇跡が起こって、自分の抱えている問題が解決したら、どんなことをしていますか」

という質問。そして、自分が想像した行動を、今、先にやってみることで、その状態に近づいていく、という不思議な方法です。

僕はこの方法を、このような言葉に言い換えて使っています。

たとえば、

「もし、あなたの心が、愛情や使命感、充実感に満たされていて、誰にも怒られない、誰にも笑われたり非難されたりしないとしたら、あなたはどんな言動をしているでしょうか。なにをやめていますか、そしてなにを始めているでしょう」

たぶんですが、ほかの人を満たす行動をしていると思うんです。

優しくしてみたり、
手助けしてみたり、
温かい言葉をかけたり、
認めたり、褒めてみたり、
しているのではないでしょうか。

さらに、自分の「好きなこと」「やりたいこと」をしていると思うのです。
そして、自分が「やらなきゃ」「やるべき」と思っていることはやめていると思うんです。

あなたの「怖くてやっていないこと」って、なに?

うまくいかない人は、本当はやめたいことを我慢して続けている人です。そして、本当はやりたいことを我慢してやっていない人です。つまり、自分らしく生きていない人です。

怒られるのが、笑われるのが、非難されるのが、損するのが「怖くて」やっていない。親のルールに縛られて、やるべきじゃない、こうするべき、と不自由に生きているのです。そうやって、自分本来の生き方を我慢してしまっているのです。

その**「怖さからくる我慢」をやめる勇気**を出してみれば、人生は大きく変わります。

怒られてもいい、笑われてもいい、損してもいい、傷ついてもいい、そう口に出して覚悟し、さきほどの質問で浮かんだ行動を始めたとき、**「なんかわからんけど」不思議な奇跡が起こる**のです。

32
この言葉がつぶやけたら、悩みから〝卒業〟です

あることをずっとにらみ続けている、気になって仕方がない、ことあるごとに思い出す、怖くて手放せない、やらないと恐ろしいことになる……。

実際、僕もまだまだ、いろんなものに、無意識に執着してしまっています。

たとえば、お金。たとえば、過去の出来事。たとえば、許せない人。たとえば、ほしいもの。

「悩み」と言われるものの多くは、そんな「手に入れたい」「失いたくない」という執着から発生します。

「考えても解決しない」「手に入らない」、つまり、望んでいるのに手に入らないから、

悩みます。


相手からの愛がほしい、でも、もらえない。

相手からの謝罪がほしい、でも、もらえない。

もっとお金がほしい、でも、入らない、逆にどんどん減っていく。

あきらめきれない。だから、悩む。


これは、いわゆる「夢をあきらめきれない」というのとは、少し意味が違うんですよね。

夢や目標をあきらめきれないときは、それがたとえ苦しくても、その苦しみでさえも楽しく感じられます。

でも、執着は、ただ苦しくて怖くて仕方がない。苦しいだけで、ちっとも楽しくない。

本当は手放したい、逃れたい。

「ま、いっか」――問題が問題でなくなる瞬間

では、もし、この〝執着〟を手放せたとしたら、あなたはどんな状態になっているでしょうか。

継続してカウンセリングを受けられるクライアントの「卒業」を見極めるときは、ほぼ共通しています。

「あぁ、もうこの方は大丈夫だな」と感じるとき、それは、そのクライアントが口にする「ある言葉」でわかるんです。

その言葉が、**「ま、いっか」**。

これは、僕がクライアントの「卒業」の目安とする言葉です。

「あきらめ」「いいかげん」の「投げ出す」言葉ではない、「ま、いっか」。

それまで握りしめていた執着、恐怖がなくなり、その人にとって**「問題が問題でな**

くなった」瞬間です。

その瞬間に、

「そもそも問題ではなかった」

ことにも気づくことがあります。

〝執着〟を手放せるようになる口グセ

たとえば、何回かのカウンセリングを経て、卒業の時期を感じたら、僕はこう尋ねます。

心屋「そういえば、最初はどんなことでお悩みでしたっけ」

クライアント「あーーー、なんでしたっけ……あ！　○○との関係で悩んでいたんですが……、それはもう、〝ま、いっか〟って感じなんですよね」

こんな言葉が聞けたら、「あぁ、やっぱりもう卒業だね」と思うのです。

今、問題を抱えている人は、恐怖に包まれているので「ま、いっか」とは言えません。

問題が解決した人は、それがなくなったので「ま、いっか」と言うことができます。

ということは、問題を抱えている状況で、問題が解決したときに使う「ま、いっか」を先どりして口グセにすれば、「ま、いっか」の状態に近づけるのです。

この言葉は「魔法の言葉」となって、あなたの執着を手放させてくれるかもしれません。

33

「わたしがそうしたいと思った」——これが一番大切

「ま、いっか」に対して、さらに強力な言葉が、**「知ったこっちゃない！」**です。

これ、あるクライアントさんに教えていただいた方法なのですが、実は結構、勇気のいる言葉ですよね。

誰かが困っていても、「知ったこっちゃない」。
誰かになにかを言われても、「知ったこっちゃない」。
子どもが勉強しなくても、「知ったこっちゃない」。
冷たいと思われても、「知ったこっちゃない」。

「その問題は、わたしの問題ではありません」ということです。

ドキドキしますね。

こんなふうに、周囲に対して距離を置いたら、冷たい人に見られるかもしれない。無責任に見られるかもしれない。

でも、失敗も、苦しみも、すべてその人自身の「学び」です。

冷たい態度とか無関心とか、そういうことではなく、「自分が関わることで、ほかの人の学びの機会を奪ってはいけない」という、そんな意味でも**愛のある「知ったこっちゃない」**なのです。

人との調和も、周囲の評価も「知ったこっちゃない」!?

人は、本当の自分を見つけたいし、本当の自分を素直に出したいと思っています。

でも、他人との調和をとったり、評価を受けたりするなかで、つまり「社会」で生きています。

だから、本当の自分を出せない。

周りを気にしすぎて本当の自分を出せない人や、周りの人が困っているのを見過ごせない人は、一度この「知ったこっちゃない」を試してみてください。

そうすることで、その人たちは自力で問題を解決していきます。それを見たうえで、あなたが助けてあげたいなと思ったら、助けてあげてください。優しくしてあげたいなと思ったら、優しくしてあげてください。

誰に、なんと言われようと、

「わたしがそうしたいと思ったから、そうした」を通してみる。そのスタンスがとれれば、「見返りを求めない優しさ」を表現できるようになりますよ。

いかがでしょうか？

34

「面白くなってきた！」と思えば気持ちも復活

僕は以前、いきなり腰痛で倒れたことがあります。

でも、僕の腰は、信頼でき「そうな」整体師さんにお願いしてみたら、ウソのようによくなりました。

その整体師さんは、初めてお会いする方でした。だから、思いきって飛び込んでみたわけですが、結果的には大当たりでした。

実は、腰痛にいきなり襲われて倒れたとき、自分でつぶやいていた言葉があります。

それは、

「面白くなってきたぞ〜♪」

という言葉です。

「面白くなってきた」

関西弁で言うと、「さぁ、おもろなってきたで」と、口に出してみる。

すると、脳が考え始める。

「なにが面白くなってきたのか」

「この痛み、この状況から**驚異の復活**を遂げたら、すごいやろな」と。

しんどい経験も「いい話のネタができた!」

その結果、単なる腰痛から、さまざまなことを得られました。「腰痛になってよかった」とまで言えるような「気づき」を、たくさん得られました。

腰痛の〝おかげ〟で、正しい姿勢が手に入った。

腰痛の〝おかげ〟で、人の優しさをたくさん感じた。

腰痛の〝おかげ〟で、素晴らしい整体師さんに出会えた。

腰痛の〝おかげ〟で、心の世界につながる知識を得た。
今、思いつくだけでも、ぞろぞろ出てくる。

ポジティヴに考えたり「～しなければ」と考えたりすると、しんどいです。
どうせなら、**笑うためにはどうすればいいか、**を考えていきませんか。
そう考えると、関西人はお得なのかも？
僕も関西人です。
腰痛のおかげで「ええネタができた」。
「ほら、本にまでなった」。

35

〝つら〜い過去〟があるおかげで「今の自分」がいる

自分にとってつらい経験、恥ずかしい経験は、できれば記憶から葬り去りたいですよね。でも、それは残念ながらできません。

しかし、後になって振り返ってみると、絶対に**その経験が「役に立っていた」**とわかるんです。それが今のうちからわかれば、とてもハッピーですよね。

つまり、過去のつらい出来事っていうのは、これから人生というゲームが始まるぞというときに、それぞれの人に与えられた「初期設定」なのです。

そして、それを乗り越えていくことで、その人の「人生の全体図」が作られ、「その人にかかわる人を幸せにするためのツール」へと変えていくことができるのです。

そんな過去のつらい出来事を、あなたの力へと変える魔法の言葉があります。

まずは、あなたの過去最悪の出来事、ベスト・スリーを書き出してみてください。

たとえば……、

- 小学校の頃にいじめにあった
- 同僚（上司、部下）と些細なことから揉めごとになった
- 親、友人、彼、彼女、夫、妻からひどいことを言われた（された）
- 仕事で大きなミスをして、多くの人に迷惑をかけた
- 人前で話すときに、頭のなかが真っ白になってしまった

などなど、いろんなパターンがあると思いますが、このような最悪な出来事や、それ以外にも「思い出すたびにイヤな感じ」を呼び起こす思い出はたくさんあるでしょう。

そんな出来事を、あえて書き出してみてください。

そして、その後ろに**「おかげで」**をつけるのです。

「未来」に光がサーッと差し込むこんな〝視点〟

すると、

○小学生の頃にいじめにあった、**おかげで、いじめのつらさや苦しさがわかり、今の仕事に役立っている**

○同僚（上司、部下）と些細なことから揉めごとになった、**おかげで、本音を言い合う機会ができた**

○親、友人、彼、彼女、夫、妻からひどいことを言われた（された）、**おかげで、自分の欠点に気づき、改善することができた**

○仕事で大きなミスをして、多くの人に迷惑をかけた、**おかげで、社内の仕組みが大きく変わり、その功労者となった**

○人前で話すときに、頭のなかが真っ白になってしまった、**おかげで、人前で話しても頭が真っ白にならない方法を思いつき、それを人に伝えることで喜ばれた**

というように、過去のつらい出来事に「おかげで」をつけると、それは「新しい能力や力、出会いを手に入れるために必要な出来事だった」という認識に変えることができるのです。

これは、心理学でいう「リフレーミング」、つまり「視点、見る枠を変える」というやり方をアレンジしたものです。いかがでしたか？

このように考えていくと、**自分の経験してきたことは、すべて自分の未来がよくなるためにあったん**だということに気づいていきます。

実は、先ほど挙げた例は、半分ぐらい僕自身の経験なんですね。僕がサラリーマンを辞めて独立しようと考えたときに、自分の過去の経験が、すべて心理カウンセラーになるために必要なことだったということに、突然気がついたのです。

過去の出来事は、変えられません。

あなたも、「おかげで」という言葉をくっつけて、過去の出来事に**「新しい意味」**を加えてみませんか。

36

〝苦労なんてしてない顔〟で生きていく！

あなたは、いいよね、特別な能力があって。
あなたは、いいよね、美人だし。
あなたは、いいよね、何でもできるし。
あなたは、いいよね、お金持ちのお家だし。
あなたは、いいよね、両親の理解があって。
あなたは、いいよね、子どもに手がかからなくて。
あなたは、いいよね、いい旦那さんがいて。
あなたは、いいよね、長女じゃないから好きなことができて。
あなたは、いいよね、いい会社に勤めてて。

あなたは、いいよね、男だから。

お前は、いいよな、女だから。

あなたは、いいよね（苦労してなくて）（恵まれてて）。

先日、**天宮玲桜**《あまみやれいか》さんという、僕のカウンセラーであり、大切な友人でもある霊能者の方とお食事していたとき、そんな話になりました。

彼女は、ブログもほとんど書いてないし、マーケティングの活動もしていません。

それなのに、なぜか自然と、お客さんが集まります。

「いいよね」って、

「苦労してなくていいよね」って、
よく言われるそうです。

「見える能力があるから、うらやましい」って。

僕の奥さんもヨガの先生をやっているのですが、「やせてていいよね」って、「かわいくていいよね」って、よく言われています。

●「今、どうなのか」とは「これまで、なにをしてきたか」ということ

「今」だけを見ると「そう」でしょう。

でも、大事なのは**「そう、しているから、そう、なんだ」**ということです。

「今、どうなのか」ということは**「これまで、なにをしてきたのか」**ということです。


天宮さんも、僕たちの知らないところで、信じられないような厳しい修行をしています。生まれてから、このかたずっと続けている。

だから「こう」なっている。そして、今も続けています。

僕の奥さんも体が本当に硬かったのを、毎日毎日ヨガをして柔らかくしてきました。

食べ物も「毎日」気をつけています。服装も見た目も「毎日」気をつけています。かわいくいられるように、お金もいっぱい使ってるんです（涙）。


今、幸せそうに見えるのは、みんながんばってきたからなんですね。

みんな「そう、してきたから、こう、なったんだ」。

僕の専属スタイリストの**西岡長政**さんも、若い頃に服装を笑われる経験をしたから、時間とお金をかけて必死に勉強して努力して、今はプロとして活躍し、たくさんの人をカッコよくされています。こんなのも、前項の「おかげで」ですよね。

みんな、子ども時代にイヤな思いをしたから、がんばって克服したんだ、がんばって乗り越えたんだ。いっぱい時間もお金も使ったんだ。

「そう、してきたから、こう、なったんだ」

その過程を知ってほしい。

一日で城壁はできない。一日で人間もできない

今うまくいっている人を見て、うらやましいと思ったら、

「どうなっているか、よりも、どうしてきたのか」

という過程を見てほしい。

僕も、今でこそ本を出版でき、セミナーも満員御礼だけど、起業したときは、いろんなこと、やれること、やったらいいよと言われたことは、とにかくすべてやってきた。ものすごくやってきた。

だから、「今、僕がなにをしているか」よりも大事なのは、「僕がなにをしてきたのか」ということです。

一日で山はできないのです。
一日で城壁はできないのです。

毎日、毎日、一個ずつ積み上げて、石垣を築いてきた。
お会いする人を、一人ひとり、大切にしてきた、それだけなのです。
(それでも、できてないこともいっぱい)

ひょうひょうと生きよう、カラリといこう!

「そう、してきたから、こうなった」

そして、それを知ったらもう、そんな苦労は語らなくていい。

「なんか知らんけど、こうなっちゃった～」

でもいい。

「いいでしょ～」

でもいい。

きっと、いつか、わかってもらえる日は来る。

だから、今をひょうひょうと生きてみよう。涼しい顔して生きてみよう。

苦労なんてしてない顔で、生きてみようぜい。

「こんなにつらかったの」

「こんなに、がんばってきたの」

「こんなに苦労してきたの」

「こんなに逆境だったの」

と、言う必要はない。

「わかってもらおう」としなくていいのです。

「あなたって、○○だからいいわね」

今度、そんなふうに言われたら、カラリと「いいでしょ〜」と笑い飛ばしてしまえばいいんだ。

……なぜか僕は、あんまりそのへん、うらやましがられないなー。

苦労が顔に、にじみ出てるのかしらん……?

7章

一歩進めば「見える世界」が変わる!

37

「言い訳」している間にさっさとやる

「もう少し時間があったら」

「もう少しお金があれば」

「もっとやせていれば」

「もっと美人だったら」

……やるのに。……いくのに。

そんな**「たら」「れば」**って、ありますよね。


僕も、「休養宣言」をして、これでやっとゆっくり本が書けるぞ、今まで書けなかったのは、時間がなかったせいだ……と考えていたのですが、すぐに煮詰まりました（笑）。

結局、忙しかった頃と、そんなに書くペースは変わっていません。

結局、人生は「やるか、やらないか」

もしあなたが、

「これさえあれば」

「こうなれば」

きっとこうなる、と夢に描いているものがあるとしたら、たぶんそれ、夢に描いた、というより絵にかいた餅かもしれません。

あってもなくても、やらんもんはやらんし、やるもんはやる。

「たら」「れば」と思ってやってないものがあったら、さっさとやろう。

「たら」は、北海道で獲れるわい。

「れば」は、焼肉屋にあるわい。

と、昔知り合ったおっさんがよく言ってました。

「もっと仕事ができたら」

「もっと元気だったら」

「もっと近かったら」

「旦那が反対しなければ」

「もっと安ければ」

「もっと子どもに手がかからなくなったら」

……なんて、言ってないで、いっちゃえ！　今すぐ！

38

「小さなこと」ほど、あなどれない

最初は小さなことでも、放置しておくと大変なことになる、それがわかっているのに、つい先延ばしにしてしまう……そういうものは、たくさんあります。

むし歯、腰痛、目覚まし時計、そのほか、病気全般、仕事のトラブル、借金の利子、環境問題、人間関係のすれ違い……。

どれも、放置すると最後に**〝痛い目〟**に遭います。

たとえば、「ぎっくり腰」ですが、あれはまるで突然激痛が走るように見えますが、**「それまでの蓄積が爆発」**しているだけです。ほかのものも、みんなそう。

結局は、それまでの「蓄積」なんですね。

僕のところにお越しいただく方の悩みで一番多いのが、**「人間関係」**です。この人間関係において問題が発生する場合も、

- ちょっとした苛立ち
- ちょっとした勘違い（すれ違いや思い込みによる）
- ちょっとしたスネ

そんな「小さなこと」「小さな我慢」の蓄積から始まって、相手への不信感が育ってしまいます。

そして、この不信感を育てていく過程で、「相手の言動を見張る」「偏見を持つ」という行動によって、心のなかに「やっぱりね」と**不信感のスタンプ**をためていきます。

そして最後にスタンプがたくさん集まると、大きな誤解やトラブル、爆発を生みます。

「小さなこと」って、あなどれないんですね。

「勇気&挑戦」の人生か、「逃げ&無難」の人生か

僕たちは、なにか「出来事」に直面したとき、その瞬間瞬間で「判断」し、「意思決定」をしています。

なにを食べるか、なにを言うか、なにをするか・しないか……。そんな小さな意思決定の積み重ねで、今の僕たちができています。

つまり、**すべて自分の思い通りに選んで生きてきた**のです。自分が選んだこと以外の選択肢は、すべて捨ててきたのです。

その意思決定には「クセ」があります。今、いろんなことで成功したり、幸せをつかんでいたりする人と、そうでない人とは、能力の差があるのではなく、意思決定の「クセ」が違うだけなのです。

いろんなことで成功している人の意思決定のクセは、**「勇気、挑戦、チャレンジ、努力、今、行動」**。

そうでない人の意思決定のクセは、**「逃げ、先延ばし、不安、無難、みんなと同じ」**なのかもしれません。

すると、当然ですが、無難な人生、不安な人生、先延ばしで行動できない人生になりますよね。


と言いつつ、僕の人生を振り返ってみても、うまくいかないときは、「逃げ、先延ばし、不安、無難、みんなと同じ」で行動を決めていました。

今でもそのクセは少し残っています。怖いものは、やっぱり怖い。いきなり大きなものを見ると、「できない」「怖い」「無理」と思います。

「このくらいならできる」――プチ成功体験を積み重ねる

そこで、自分に聞いてみるのです。

「じゃあ、なにならできるの？」「どの大きさならできるの？」と、思い返してみる。

すると、**「うーん、このくらいならできる」**というものが見つかります。

じゃ、そこから始めればいいんですよね。

「無理」と思っても、「じゃあ、このくらいなら」とレベルを落として、「小さなチャレンジ」を繰り返して成功体験を作り上げていくのです。

僕はよくプールで泳ぐのですが、いきなり「二キロ泳げ」と言われたら、〇・二秒で「無理」って言います。

でも、「じゃあ、どんな泳ぎならできるの？」「どのくらいの距離なら泳げるの？」と考えると、「自由形で五百メートルぐらいなら」となります。

それでも自信がないときは、「二十五メートルくらいなら」と落としていけばいいのです。カッコ悪くても、そこまで落とす、だってそれしかできないんだもんね。

「これなら絶対できる」というところまで落として、「絶対やる」。

それを続けていくことで、前に進むといいですね。

人間関係においても、少しずつ、小さく、スネないで、素直に、本音を伝えることができたら。

「それがあなたには無理なのは、わかった」

「じゃあ、なにならできる?」

39 〝ハングリーロケット〟を切り離すときがきた！

人がやる気になったり、モチベーションを上げたりするために、「怒り」「不安」「劣等感」のエネルギーが、大きな力を発揮するときがあります。

「悔しい」「見返してやる」「自分一人でやってやる」「今に見てろよ」「勝ってやる」「認めさせてやる」という怒りや、悔しさ、不安、**ハングリー精神**。

それはものすごいエネルギーとなります。

そのパワーで仕事に成功し、みんなに認められ、高収入も手に入れて、ほしいものも、時間も手に入った。

でも、あるとき気づきます。

「なんか違う」

僕が起業するときに使ったエネルギーも、半分はこれでした。このハングリー精神がなかったら、うまく軌道に乗れなかったかもしれません。大気圏を突き抜けるための、大切なエンジンです。

でも、これで人並みの成果を収めても、なお苦をまぬがれない。求めることはすべて満たされたはずなのに、なお苦がつきまとうことがあります。

それは、**大気圏を突き抜けるときには必要だった〝ハングリーロケット〟**を、まだ心に積んだままだから、自由に動けない状態になっているのです。

それは〝年貢の納めどき〟のサイン

自分はうまくいっているはずなのに、こんなに幸せに「見える」はずなのに、なにか満たされない。

これは、「ねばーランド」から「たいランド」に移動する直前に起こる現象です。

「今、越えどきだよ」と教えてくれるサインです。ハングリーロケットを切り離すときがきたよ、と教えてくれているのです。

だから、「大事件」や「大問題」「大きな痛み」「大きな苦しみ」が起こったときは、「壁」を越えるチャンスなのです。

このとき、ポンと壁を越える人と越えられない人に分かれます。どうすれば、壁を越えられるのでしょう。

そのキーワード・メッセージは**「すべて捨てなさい」「すべてあきらめなさい」「早く終わらせなさい」「許しましょう」**。

いったん、すべて捨てる。意地も、怒りも、プライドも、です。

- **「年貢の納めどきじゃのう」**
- **「無駄な抵抗はよせ」**
- **「あきらめなはれ」**
- **「隠しても、ばれとるぞ」**

「もう、カッコ悪くてええやん」
「ようがんばってきたのう。もうええじゃろ」

壁を越えられた人は「行動エネルギーの転換」が起こった人なのです。

“壁の向こう”には、どんな世界が待っている？

「越えどき」を迎えている人は、傷を負った獣のようなものかもしれません。自分を守るために常に牙をむいて、周りを威嚇してきたのかもしれません。自分を守るために、じっと穴ぐらにこもっていたのかもしれません。

でも、そろそろ、人を信じてみる。心の傷を見せてみる。
すると、**優しい人たちがたくさん、壁の向こうで待っている**のです。
でも、それがとても怖い。
傷つけられたときのことを思い出してしまう。

だから、迷いの檻のなかを逃げ回ってしまう。

ここで大切なのは、読んだだけでは壁は越えられないし、変われない、ということ。だから、「体験」してほしいのです。だから、勇気を出して「体感」してほしいのです。

「すべて捨てる」

「すべてあきらめる」

「カッコ悪く」

「終わらせる」

つまり、**自分が今まで隠してきたものを、勇気を持ってさらけ出す**、「言葉」にして伝えてみる、ということです。

「助けて」「手伝って」「できないねん」「ごめん」、と。

これを体験して、そして繰り返し訓練する必要があるのです。この「本」は、単なる「きっかけ」です。

ここから実際に行動するかしないかで、未来は大きく変わるのです。

40

自分は「なにに、なりたい」のか？

以前、僕は、このままサラリーマンとして勤め先の会社で安定を求めるのか、もしくは心理カウンセラーとして、なんの保証もない新しい世界に飛び込んでいくのか、自分の進路に悩んでいた時期がありました。

もちろん、当時はずいぶん悩みました。悪いイメージ、失敗するイメージはどんどん湧いてきますからね。

それまでは、がんばりさえすれば、おかしなことさえしなければ、労働分の対価ぐらいは得られる、会社という安定した養殖の場にいました。

でも、独立するということは、自分で食べ物を確保する、野生に戻るということ。

そのときの頭の中は、「食っていけるか、いけないか」、それぱっかりになっていたんですね。

そんなときに、この言葉に出会いました。

そして、その言葉は、今でも一日に何度も頭に浮かんできます。

それは、**矢沢永吉さんの言葉**です。

「お前、なにになりたいの？」

「なにが自分に合ってるの？」

すごい衝撃でした。

本当は、カウンセラーとしてやっていきたいと、一度は決めて、勉強や準備をしていたはずなのに、いつの間にか、安定だけにしがみつこうとしていたのです。

この一言が僕を「本当の自分」に戻してくれました。

「与えられた常識」は脇へ置いて考える

生まれたばかりの頃は、〝本当の自分〟です（もちろん）。

そこから、いろんな人の経験談、体験談を聞きながら、ときには教えられ、価値観を押しつけられながら、「与えられた常識」に包まれていきます。

もちろん、そう教えた人たちは、あなたが「安全に生きていけるように」と思って教えてくれたのです。そして、実際、ここまで安全に生きてこられました。

で、

「お前、なにになりたいの？」

「なにが自分に合ってるの？」

です。

もし、目の前に矢沢さんが現われて、こう聞かれたら……。今までいろんな言い訳をしたり、逃げたりしていて、矢沢さんにこう聞かれたら……。

あなたなら、矢沢さんになんて答えますか？

でも、「本当の自分」とか「自分らしく」と言われても、それって、なかなかわからないですよね。

「今」、自分がなにを感じているのかということに、一つひとつ気づいていくことができれば、いつかはきっと「本当の自分」「押し殺していない自分」に気づくことができるのかもしれません。

すると、「本当の自分」は「気づいてくれて嬉しい」と、喜ぶでしょう。

だって、「本当の自分」は、あなたに気づいてほしくて、今まであなたにメッセージを送り続けてきたのに、あなたは気づいてくれなかったんですから。

いや、気づいていたのに無視してきたのですから。

気づいていたのに、気づかないフリをしてきたのですから。

さあ、「お前、なにになりたいの？」

41

どんなことでも「自分で決めていい」

実は、僕はすごく迷うタチです。

出張のときのホテルを選ぶにしても、遊びのときの宿泊施設を決めるにしても、セミナーの日程を決めるにしても、セミナー会場を決めるにしても、迷って迷って、迷いまくります。

ああでもない、こうでもない、と迷う。そうして、一日が過ぎていきます。

金額で迷ったり、条件で迷ったり。いろんなことで迷います。二百円の差で迷うときもあります。損したくないんですね。

迷いすぎて決められずに、結局、計画していた旅行をやめてしまったこともあります。

それは極端だとしても、この「損したくない」という気持ちのほかにもう一つ、こんなに比べて迷ってしまうのには、理由があります。

それは、**自分自身の「好き」という意志を確認するため**に、比べているのだということ。

これでいいよね、これがいいよね、とほかのものと「比べて」、自分の「意志」や「決定」を、「好き」を、「納得」させたいんです。

もしかしたら、**もともと自分の「意志」「好き」は、決まっているの**かもしれない。それでも自分の意志を確認したくて、知りたくて、納得したくて、自分以外のものと比べていく。

誰かに「それでいいよ」と言ってほしいだけなのかもしれません。

「これでいいよね」「自分のままでいいよね」と、納得したいだけなのかもしれません。

それは、やっぱり、損したくないし、「好き」を極めたいから。

「正解」や「ご神託」より〝こっち〟を選ぼう

「いや、でも、わたしは会社からこうしろと言われている」

「いや、わたしは、親からこうしなさいと強制されたから逆らえない」

と言う方もいると思います。会社や親の言うことを聞かなければいけない状況にあるんです、と。

でも、他者からそうしろと言われても、それからどうするのかは、**最終的に自分が決めること**です。損したくなかったから、自分の意志で従っただけのことです。

その他者の意見や力に従って、自分を抑えて生きるのか。

それとも、自分の道を行くのか、自分の「好き」を追い求めるのか。

それは、自分が決めること。


会社を辞めるのか、辞めないのか。

結婚するのか、しないのか。

離婚するのか、しないのか。

このままがんばるのか、違う方法を選ぶのか。

それは、決められたことではなくて、どれが正解というものではなくて、**「自分で決めていいこと」**なのかもしれませんね。

だって、もし神様から「こうしなさい」って言われたとしても、たぶんあなたは「でも……」って、聞かないでしょ。

以来、ホテルを予約するときは、「最初の直感で決める」「損するほうを選ぶ」と決めました。

すると、ずいぶん楽になりました。まだちょっと迷いますけどね。

42

あなたの「お役目」って、なんだろう？

「成功者になる」「夢をかなえる」ための、さまざまなノウハウが飛び交っています。

僕も例にもれず、一時は夢中になって読んでいました。

そんなあるとき、

「成功は、本人の努力ではない」

という言葉に出会いました。

出典は忘れたのですが、すごく心が動きました。

「成功」というのは、「役割・使命」として、**「させられた結果」**だというような意味でした。

それ以来、僕の感覚のなかでは、成功者は「すごい人」ではなくなりました。

成功者＝たくさんの人を喜ばせた人

では、成功者とはどんな人かというと、

「たくさんの人の役に立った人」

「たくさんの人を喜ばせた人」

もっと言えば、

「そうさせられた人」

「そういう役割を持って生まれた人」

なのだと感じるのです。

- 努力する気にさせられた人
- なにかを思いつかされた人
- そのために才能を与えられた人
- そのための頭脳や体を与えられた人

という感じです。

つまり、その人がすごいんじゃなくて、その人は**「役割」**としてやっている、やらされている。

そういう目で「成功者」と言われる人を見るようになりました。

「あぁ、この人は、成功させられてはるんや」って。

「これをしろって、言われてるんやろうなぁ」

「そのために必要な、大変な訓練（苦労）もしてはるんやろうなぁ」と。

どんな役割も「はい、喜んで」とやってみる

だから、僕もそういう意味では、いろんな才能というかたちで「役割」をもらっている気がするのです。

「たとえ話や文章力」「人前で話す能力」など。

好むと好まざるとにかかわらず、前職で知らないうちに鍛えられました。だから、

ぽんぽんとたとえ話を思いつくのかもしれません。

原稿を書いていて、気がつくと、時間を忘れてがんばってしまっていたりする。そんなとき、「あ、またさせられた」って、笑いそうになります。

だから、ときどき、天を仰いで「次は、なにすればいいの」と聞いて、「やりたいな」「やろうかな」「やったらおもろいかな」と「思ったこと」を、これからもやっていこうという気持ちになっています。

そんな小さな行動からも、きっとなにかが変わり始めるのです。

今までのパターンを、意識して変えてみてください。

そして、「させられること」に抵抗しないで、**素直に「はい、喜んで」とやっているると、**なにか**ご褒美をもらえる**のかもしれませんね。

あ、そうそう、**「与えられたもの」で一番大きいのは、きっと、「つらい経験」**ですよ。

43

〝心をゆるめる〟と自分だけの花が咲く

カウンセリングをやっていると、〝世間〟の言う通りに、〝常識〟の通りにやっている人ほど、うまくいかなくて苦しんでいる、ということがわかります。

それは、〝世間〟とは合っているかもしれないけれど、〝本当の自分〟とは合っていないからです。

だから、今、人生がうまくいっていない人は、「常識」とか「こうあるべき」といったことと、すべて逆にするといいんですね。怖いですけどね。

以前、僕の友人であり優秀な歯科医であり、独自の「体をゆるめる理論」を提唱されている**佐藤青児**さんに教えてもらって感銘を受けた、こんな言葉があります。

「花は咲くときにはがんばらない、ゆるめる（ほどく）だけ」

なるほどなぁ！

確かに、力を入れてがんばっても、花は開かない。

バネに逆らうようには開かない。

ただ、固く閉じていたつぼみを、そっと、するっと、ほどくようにしたとき、花が咲くのです。

「世間」とか「常識」の逆をいってもいいんだ

もしかしたら、僕たちは今まで、がんばってがんばって、意固地になって、評価されようとして、反発して、固く固くつぼみを閉じてきたのかもしれません。

そんな人は、ふっと、ゆるめてみる。

ふっと、心をゆるめてみる。

ふっと、力を抜いてみる。

固く握りしめた手のひらを、そっと開いてみる。

するとそこには、**ありあまるほどの豊かさ**が入っているかもしれないのです。


そう、**ふっと、力を抜いてみる。**

長い間、がんばってがんばってがんばって、力を蓄えてきました。

強くなってきました。成長してきました。

時間もお金もかけてきました。

それをすべてふっとゆるめて捨てたとき、あなたの本当の魅力と才能が、花開くのです。

言葉で言うとね、

「損してもいい」

「負けてもいい」

「笑われてもいい」

「無駄にしてもいい」
「嫌われてもいい」

ってことかな。

「世間」とか「常識」の逆をいってもいいんだ……そんなふうに心をゆるめられたら、きっと、びっくりするような新しい世界が広がっているはずです。

おわりに

「実は、今が幸せかも」と思えたらサイコー！

一番認めたくないこと、それは**「今の自分でも幸せかもしれない」**ということかもしれません。

今の能力。今の立場。今の境遇。

過去に、してきたこと、されてきたこと。

「こんな自分でいい」なんて、

「そのままでいいよ」なんて、

「そのままであなたは完璧なんです」なんて、笑っちゃうよね。

そんなはずないじゃん。ダメに決まってるじゃん、と。

だって、あなたは、

「そのままでいいと思ってるのか」

「もっとがんばりなさい」

「もっと勉強しないと」

「もっといい子になるんだよ」

「やればできるのに」

と言われ続けてきたもの。

「そのままじゃ、ダメだ」って言われ続けてきたんだよ。それを今さら「そのままでいい」なんて言われてもねぇ……。


はい、それは昨日までのこと。

その「思い込み」や「今のままじゃダメだ」という思い込み、「成長しなければ」という思い込み、「もっとよくならなければ」という思い込み。

「人づきあいができなければ自分はダメだ」

「仕事ができない自分はダメだ」

「片づけができない自分はダメだ」

という「今のままじゃダメだ」という思い込みを、ちょっと疑ってみませんか。

そして、

「もしかしたら、今のままでいいのかもしれない」

「こんな自分でも、いいのかもしれない」

「こんなにできない自分でも、いいのかもしれない」

一度、自分をそのように疑ってみませんか。

そうやって疑ってみたところで、なんの損もしませんし、もしそう思えたら最高にハッピーになれそうな気がしませんか？

もし、ついうっかり、「今のままでいい」という考えを受け入れることができたら、そこから「不安のラットレース」ではなく、**「安心のループ」「幸せのループ」**が始まります。


幸せのループ。

それは、

「安心↓人を喜ばせるために行動する↓成果が上がる↓さらに安心する↓もっと楽しいことを考える↓もっと人の役に立つことを考える↓多くの人が喜ぶ成果が手に入る↓成果が多すぎて、たくさんの人と分かち合う」

という、安心の世界「たいランド」の幸せのループです。


だから、ぜひ疑ってみてください。

「今まで、思ってはいけない、認めてはいけない、認めたくないと思っていたけど、もしかしたら、今のこの状況でも幸せなのかもしれない。もしかしたら、なにもできない自分でも価値があり、愛されてるのかもしれない。うわー、やばいよ」と。

心屋　仁之助

本書は、グラフ社より刊行された『たった一言！　あなたの性格は変えられる』を、文庫収録にあたり加筆・改筆・再編集のうえ、改題したものです。

心《こころ》屋《や》仁《じん》之《の》助《すけ》の
今《いま》ある「悩《なや》み」をズバリ解決《かいけつ》します！

著者　心屋仁之助（こころや・じんのすけ）
発行者　押鐘太陽
発行所　株式会社三笠書房
〒102-0072 東京都千代田区飯田橋3-3-1
電話　03-5226-5734（営業部）03-5226-5731（編集部）
http://www.mikasashobo.co.jp
印刷　誠宏印刷
製本　宮田製本

 ISBN978-4-8379-6672-2 C0130

王様文庫